蒼山下

洱海前

我的雲南擺攤人生

目錄

推薦序——海豚阿德書店店長 小白

二〇一二年的秋天，一個高原上田野開始變成金黃色的月份裡，我和阿德在蒼山腳下的小鎮裡，有一條叫做「人民路」的老街上，開了一家小書店。這個不足四十坪叫做「海豚阿德」的小書店，它的名字其實是昇哥的一首歌，這首歌裡有這樣一句歌詞：「我的朋友有很多，都有可愛的臉。」後來，我在我的小書店裡認識了文捷。這個愛逛書店愛寫作的台灣女孩，她笑起來的樣子很甜。

二〇一五年的時候，書店在籌備製作一本關於大理生活方式的mook，我們和文捷約了一篇稿，最終這篇文章收錄在《蒼山下》裡。但其實一直到三年後她向我們介紹她的第一本書《開往龍目島的慢船》時，我才知道，在雲南生活的那段時光裡，她還寫了很多文章，珍藏著關於這兒的記憶。

今年中秋節，文捷從非洲發來簡訊，告訴我她的第二本書就要出版了。還有在非洲也吃了好吃的月餅。深夜我看著她發來的書稿，那些熟悉無比卻已經消失在時間長河裡的人和場景撲面而來，惹人唏噓。賈樟柯先生在《山河故人》裡說了這樣一件事：「每個人只能陪你走一段路，遲早是要分開的。」文捷在她閃著微光的記憶裡，講述了遇見與告別，用她的方式保存了他們的溫度。而此時在隔著她六個時區的大理，這些小小的細節也讓人回想起這七年裡的書店變遷，人聚人散，我的內心湧動。

人生，就是這樣一邊回憶，一邊告別的吧。

好在，我們都是那種揮一揮手便繼續前行的人啊。文捷背著她的背包，一個人繼續在路上晃晃蕩蕩地看世界，用文字記錄她的時光。我一個人繼續在高原小鎮的書店裡，在每天的清晨與陽光傾斜的午後，期待會有像她一樣的女孩，推開門走進來。

二〇一九年秋於海豚阿德書店 大理

海豚阿德書店店長　小白

推薦序——大理古城 Ciao Guesthouse 創辦人 喬安

每個地方都有它的靈魂。

時隔四年再次回到這個心心念念無數遍的，大理。原先的人民路，靈動多彩又自由寧靜。記得剛到的時候被那條叫人民路的街所吸引，每天起床都想去走走，從東走到西，直直的一條老街，兩邊全是白族石頭瓦磚的老房子，東西大概一公里左右。

陽光在清澈乾淨的空間裡，灑在兩邊有些破舊的老屋上。在那之前，習慣了城市玻璃鏡面樓宇的冷感光亮，老舊的皺摺在這裡處處可見，像是時光的印記，有很多年對這樣的老舊時光皺摺的一切都十分著迷。那時候老人坐在街邊門口曬太陽，走一段就有老人折菜葉子，或擺出已經過時的生活日用品行賣。行人慵懶散漫地走在石板路上，那種細碎的時光呀，彷彿能夠貼切的感受到布鞋印在石塊路的輕快呢。我經常背著竹簍走到上段的菜市場買菜。只是看看這些老人，我也覺得一切都很好。她們像蒼山一樣，總是在這一切生活景色的背後，穩穩襯著或護著這片土地。似乎提醒著我們：「孩子們，無需走得那麼快！」

有她們廣闊崇敬的背景護佑，生活在它其下的人們，生活安穩又熠熠生輝。有無限的創造力蓬發，創造各種好玩的事情。一位年輕的女孩喜歡熬粥，任性的每天只熬三鍋來賣，可能多了嫌累。鄰家男孩喜歡寫詩，就把自己寫好的詩列印在明信片上，找一個閒置多年的石板窗臺，等待喜歡它的人們。長年旅行的中年大叔喜歡畫畫，就帶著全家在改裝的豪華加長版家庭自行車上以賣畫籌集旅費。懷抱夢想的青年喜歡唱歌，點點憂傷的曲調和著每一個路過在尋找或不尋找些什麼的人。大家都愛在人民路上分享，所以人民路是最暢快自由的一條街。每一個角落都有屬於它不一樣的空間，每一個小小的空間都是一個不一樣的小世界，這個小世界獨立又彼此依賴，組成這個大世界的拼圖。真是好玩呀！

四年之後再回來，發現這一切都變了。人民路變得嘈雜擁擠商業化，我幾乎從不踏入。我想自己的心境也是如此天翻地覆，何況這個物質的世界，所以我並沒有失落或責怪。「這個世界最大的不變就是一切都在變。」

大多的時候我只是去城邊的各處會會老朋友，選擇一些我喜歡的地方。原先熱愛古城的人們呢，他們散落在各處，安然地生活，接受這樣的改變，擺攤的小妹，變成了有機農場的主人。閒逛在古城的女人在美麗的小區，安了一個家，有清香可口的飯菜，那裡隨時散發著暖人的光芒。我熱愛花草植物的朋友，在古城邊開了一家溫暖的旅館，屋頂種滿了花草，她每天都跟它們表達愛意，做美好的食物招待朋友，分享好玩的事情，跳舞、音樂、戲劇給喜歡它的人們。她們都更加融入到這片土地，也變成了護佑這片土地的人。

還在以色列的時候，我總覺得給那片土地注入靈氣的毫無疑問是地中海。我總是看不夠，無數個白天、黃昏，我在海灘注視著大海。自然就是那樣的能量邀請你去到那寬廣充滿能量的空間去體驗它的神祕、它的寬廣、它的力量與覺知。

大理是那個開啟我進入覺知之旅的大背景，它的光亮照耀過我黑暗的空間。後來卻發現，原來真正的光來自於內在的覺知。無論我們走向哪裡，覺知就會照亮哪裡。所以，我也特別坦然的接受大理的改變。祝願它可以照亮更多在尋找的人們，直到人們看見，那光也不過是自己內在之光的反射呀！

01 再見了，海地生活

「面朝大海，春暖花開」是海地生活青年旅館給城市裡的人織的一個大理夢。

每個外來人都希望過著從海地生活醒來的那種小日子。可惜能過上那種日子的人並不多，於是大家只好跑去它那緊鄰洱海，放了純白桌椅的觀景台前拍張照過個癮。不能日日在那片最美的洱海旁醒來，至少回家後天天能看著在那裡拍的照片繼續奮鬥也好。

只是隨著二〇一六年底海地生活的結束營業，就連做夢的機會都給剝奪了。沒有了海地生活的大理，還是那個美好得像烏托邦一樣的大理嗎？

「在大理，每個人都活成了幻覺中的自己。」一位離開大理的長住客說。

那個我也曾短暫參與其中，美得跟古城巷弄裡的野花一樣豔麗，同城外熟成的稻海一般金黃，如穿透雲層落入蒼山中的光線那樣絢麗的大理人生，難道只是幻覺？

海地生活著名的觀景臺

在洱海玩水的雙廊小男生

現在回頭看，就算那只是短暫如幻象，但毫無疑問地大理是我人生中最燦爛的篇章之一，假如我幻覺中的自己就是那樣，我得說那實在太棒了。

二〇一二年的夏天，剛成為一名背包客的我呼攏我媽有朋友在雲南，就一個人揹著背包踏上了旅程。那時的雲南是中國最多青年旅館的省分，經過了二〇一一年一趟短暫的上海、杭州行，我對中國的青年旅館留下了深刻的印象並萌生了有一天也要經營自己的青年旅館的想法。於是，當我再度去中國時，雲南就成了我的首選之地。我打著邊旅行邊考察，最好再找一份在青旅的工作那樣的如意算盤，從昆明一路去到了大理古城。

在古城的春夏秋冬青年旅館碰見來自西安的老師，共產黨黨員雨濛之前，我並不知道她將會推翻

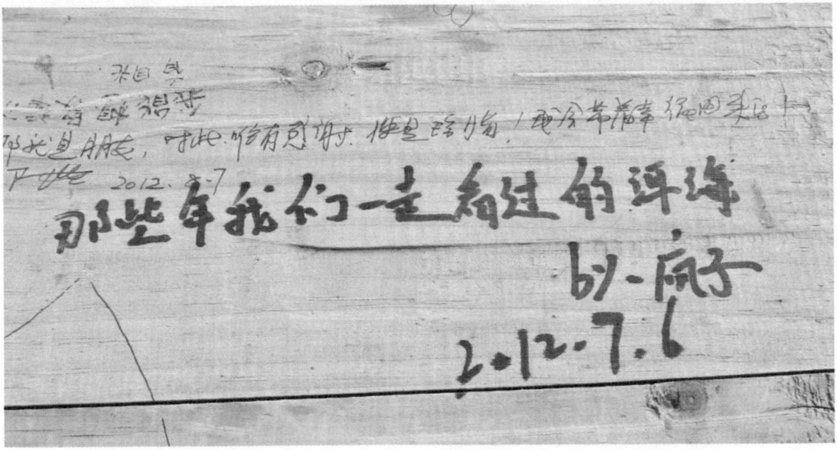

海地生活觀景臺的留言

我對於一個共產黨菁英的所有想像。三十出頭的她比身高一百六十公分的我稍矮，一張圓臉搭配及胸的捲髮，穿著卡通圖案的T-Shirt與長至腳踝的長裙。從外表來說她與那萬中選一給人精明能幹的共產黨員形象完全接不起來。

起初，我以為她就只是一名普通的老師，跟我一樣都想要去洱海東邊住大理最有名的青年旅館海地生活。因此，相識的隔天我們便決定一同搭車前往。

海地生活是二〇〇七年來自江蘇的資深背包客嘉明在洱海東邊一個叫雙廊的小漁村所蓋的一間青年旅館。一開始那裡是想要逃離古城紛擾的旅人的避世祕境。沒想到幾年之後到海地生活看海發呆竟成了大理最熱門的活動，本來安靜純樸的雙廊也隨著人潮的湧入，接連蓋起一棟又一棟的海景別墅。海地生活亦從一號院擴充到了五號院，提供四十元到千元人民幣以上的住宿選擇。

我跟雨濛就是千萬個趕潮流中的兩個小嘍囉，也想去海地生活體驗面朝大海，春暖花開，可惜我們訂不到，據說要兩個月前才有機會搶到的床位。春夏秋冬青旅裡的一個女孩子告訴我們海地生活還有帳篷可以住，我們才又燃起了希望。

我最早認識海地生活是在中國旅遊出版社所出版的《哪裡那裡：全國特色客棧掌櫃手記》一書裡。那是一本封面放了副巨大望遠鏡彷彿抓姦指南的書。書封的兩個鏡筒裡暗藏著不同的風景，左邊是高樓大廈，右邊是青綠田野。設計書封的人有些悶騷，故意把城市的鏡筒設計得比田野的鏡筒小一點。

《哪裡那裡：全國特色客棧掌櫃手記》裡關於海地生活的那篇，描寫了一個來自大城市的男生住在海地生活近兩個月的時間裡每天就只是看海曬太陽。很久以後我才知道那個看了兩個月洱海的男人不是普通的角色，他後來不但成為了海地生活的大掌櫃兼合夥人，還在雙廊開了唯一的一間民宿書店：發生書店。

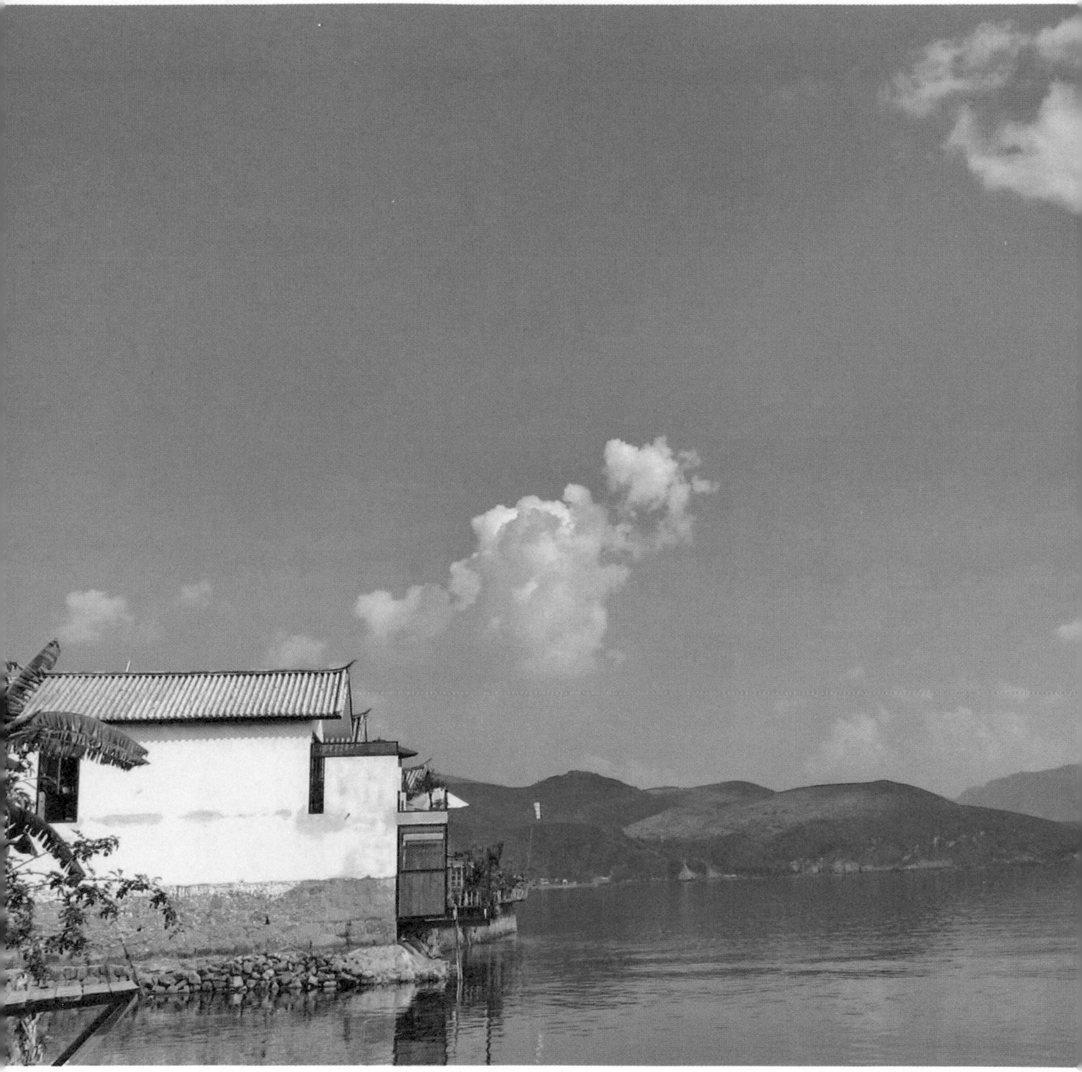

海地生活前的洱海

我、夢婷、雨濛、敖琪（從左到右）

洱海分環海西路與環海東路。環海西路上的洱海不是飄浮著瓶罐就是覆蓋了一層油綠的藍藻，並不吸引人。洱海東路的洱海不同，那裡的水乾淨得像一面映著大理藍天白雲的鏡子，水上水下融成一體，很容易理解海地生活為什麼會落腳在那裡。

抵達海地生活後，我們才知道帳篷竟比床位還貴，一張床位一晚四十元人民幣，帳篷一人卻要五十元。我安慰雨濛別想著住的是帳篷而是無敵海景套房。想著我們從帳篷的天窗就有滿天的星斗可看，躺著就聽到洱海的浪濤拍岸聲，同樣的享受若在屋內可是要花上一二八〇元人民幣。（那時唯一還有空房的就是海地四號院的海景房，一晚一二八〇元人民幣。）

海地生活的合菜一人二十元人民幣吃到飽，吃飯時我們認識了幸運訂到床位，分別來自重慶的大學生夢婷和北京的博士生敖琪。雨濛對床位一事念念不忘，便要求參觀他們的房間。不參觀還好，去了後她反而不平，因為海地生活的多人房可稱之為五星級的多人間，空間開闊、落地窗海景、三張單人床，室內還奢侈地擺了張貴妃椅。

「太過份了，這哪是青旅呢？青旅不就是提供一張床和一個乾淨的環境而已？」雨濛憤慨地說：「妳看看這是什麼，簡直是大飯店嘛，這算什麼呀！」嫌說不夠，她還跑去找海地生活的員工理論起什麼叫做青年旅館。在雨濛身上我首次見識到中國人的那股衝勁。

跟雨濛不一樣，儘管不能住進海地生活的多人房我多少也有些扼腕，但看到了他們房間的配置後，我可以理解為什麼它曾是一個讓人能夠慢下腳步重新梳理心情的地方。畢竟若僅是空有一片漂亮的洱海，夜晚卻得住在箱子般封閉的空間裡，那是任你怎麼努力心都不可能豁然開朗的。

可惜就算如此，我在書中讀到的那個曾是避世天堂，聚集了各式奇人，唯一的正事就是無所事事的海地生活也已然消失，我們注定要失望。二〇一二年的海地生活日夜伴隨著的是雙廊海景客棧施工的轟隆聲，它那已成打卡地標的觀景台也無時不被搶著拍照的觀光客所佔據。而自從換了一位一聽到英文就反射掛電話的前台後，海地生活也沒了外國背包客的身影，曾經，它跟蒼山上的高地旅館都是外國旅客在大理隱遁的角落。

到底海地生活還是個臥虎藏龍的地方，他們的大掌櫃—那個我在書中讀到曾在海地生活發呆了兩個月的男人—猛然一看就像《食神》裡周星馳的翻版。這位曾參加過台灣春天吶喊的人完全滿足了我跟雨濛對海地生活的幻想。

海地生活的帳篷位在三號院的二樓，共有四頂，僅我們一戶住客。其他兩頂帳篷空著，剩下的一頂住了大掌櫃和他的女友。我們入睡時大掌櫃還沒回來，另外兩頂帳篷也沒人入住，我就跟雨濛提議不如一人睡一頂帳篷更自在。

哪知，都沒有露營經驗的我們睡在薄薄的帳篷裡整晚忐忑不安。起初我以為只有自己害怕雨濛在隔壁帳篷正睡得香甜，不料，她跟我一樣，使得我們反而都不敢打擾對方，到了隔天早上才發現我們兩個是十足的笨蛋，自己苦了自己。

半夜大掌櫃跟他的女朋友還有他們的狗回來時，我們這兩個偷睡在不同帳篷的心虛人，憋著氣不敢出聲就怕被發現。可我們畢竟太嫩，忘了擺在帳篷外的拖鞋就是我們的犯罪證據。大掌櫃懶得理我們怎麼睡，可他的狗不一樣，牠對於突然出現的陌生人充滿了好奇心。

整個晚上牠不斷地繞著我們的帳篷興奮地跳來跳去。對我來說只要牠不突破帳篷的防線，到也不是太大的困擾。可雨濛無法像我那般僥倖，狗是她最害怕的動物之一。偏偏大掌櫃的狗就像聞到了她的恐懼，老是繞著她的帳篷奔跑。

更要命的是隔天一早雨濛醒來後，發現她的一隻拖鞋被大掌櫃的狗給咬破了。為了轉移狗的注意力，雨濛只好把那隻被咬過的拖鞋一口氣丟到樓下去，可大掌櫃的狗對被咬爛的拖鞋沒興趣。沒輒了，雨濛心一狠把她那隻好的拖鞋也一併丟了，那時大掌櫃的狗才動身往一樓飛奔，趁著牠離開的空檔雨濛趕緊鑽進我的帳篷來。

想到還忘了被子在隔壁帳篷，雨濛只好又跑回去拿。等她抱著被子回來時，狗早已回到了二樓，我一拉開帳篷的門牠就衝進來在我的被子上躺個死平，一臉滿足。看到那景象雨濛氣得直跺腳卻又不敢把牠抱走。好不容易我把牠拉了出去想讓雨濛進來，可總沒有牠的手腳快，試了兩三次總算才擺脫了牠。

當雨濛為了鞋子被咬破去找大掌櫃評理時，他女友說他們的狗平時並不喜歡親近人，會咬爛雨濛的鞋證明牠喜歡我們。那樣的答覆無法打發雨濛，她堅持要大掌櫃賠她一雙鞋。可大掌櫃聽完她的慘事後完全不為所動，雲淡風輕地說此事與他無關，不賠。看雨濛一臉哀怨，大掌櫃的女友說：「唉，他那人就是這個樣子，上次還有客人的鞋子整雙都被咬壞的咧。」

這輩子，我聽過最爛的安慰非這莫屬了。

海地生活三號院

02

到金花家過火把節

最先我是在回大理古城的公車上看到火把的，那時我還不知道那一根半人高，像小腿一樣粗的木棒有什麼用途。接著就連古城的街上也出現了拿著相同木棒的人，在菜市場再次看到了成堆的木棒後，我問了一個擺攤的大姊才知道原來那是火把節要用的火把。

當我們還在大理時「火把節要來囉，過完火把節再走吧！」這樣的話就已經迴盪在旅人之間。雨濛跟我也感染了節慶將到的興奮，追問當地人哪裡的火把節最有看頭？答案是越鄉下越熱鬧，最好到農村裡去。我們想雙廊不就是一個小漁村，看來除了海地生活青年旅館以外我們又多了一個去那裡的理由。

不過，火把節當天早上穿梭在雙廊的巷弄時，我們並沒有看到盛大節慶來臨的徵兆，路上雖偶見拿著小火把的人，卻不見據說會有幾層樓高的主火把蹤影。眼見白天沒有火把節的慶祝活動，我們就決定跟住在海地生活的夢婷、阿修與圓圓姊一同騎腳踏車去以趕集出名的小鎮挖色。

我們隊伍

有著一張圓臉的夢婷喜歡攝影單眼相機總是不離手，最想做的事情是搭便車去西藏。來自廣州的阿修，打算一路從雲南旅行到尼泊爾。他出來旅行為的是釐清以後的路，他爸爸希望他能夠投入房地產，他自己則還不是那麼確定。圓圓姊是我們裡面最不像背包客的一個，身材圓潤自認無法勝任腳踏車這種苦力交通工具，她選擇了租電動機車。剛好，雨濛對騎腳踏車也沒信心，兩人就湊成了一組。

洱海的環海東路騎起來非常暢快，平整的柏油路與山水並行，偶然在轉角出現的枯樹群，像被洱海栓住了般靜立在水中。路過一位趕著驢群的農夫與一位在路邊曬小魚乾的大嬸後，我們有預感白族的村落馬上就要到了。

近青山村時，一顆巨大的豬頭以仰天長嘯之姿被放在洱海旁的石頭之上，牠那沒了頭被剖成兩半的軀體沉重地躺在一旁。幾步之外，四個男人正合力拉動一台堆滿了豬肉的推車，兩個蹲著的人正在清洗豬內臟。

不久，我們被正要到廟裡祭拜的村民所吸引，去到了青山村的本主廟。在那裡我們看到了一幅熱鬧的景象，捧著彩色蝦餅、全雞、豬肉與手拿酒瓶的男女在廟裡四處穿梭。香爐前成捆成把焚燒的桃紅色巨香冒出的白煙把廟裡燻得如在雲霧中，為白族的神明即眾本主們更添仙氣。

拍照時我意外地發現白族的送子娘娘大方地露出寫實的乳房。又一旁的神明廳裡，本主的妻小羅列成隊接受供奉，我感受到白族的本主信仰跟台灣的道教定有不同的地方。後來查了資料我才知道本主信仰是一種融合道教、佛教與自然信仰的亞洲版希臘神話。在本主信仰裡，任何東西與人都有機會成為被供奉的對象，本主是一塊石頭，一位英雄、歷史人物或敵人全賴村民決定。本主不但容許成家生小孩，就連偷情、私生子、勾引民間女子、小氣等世俗的缺陷都會被信眾容忍。

殺豬歡慶火把節

火把節祭拜儀式

盛裝的白族居民

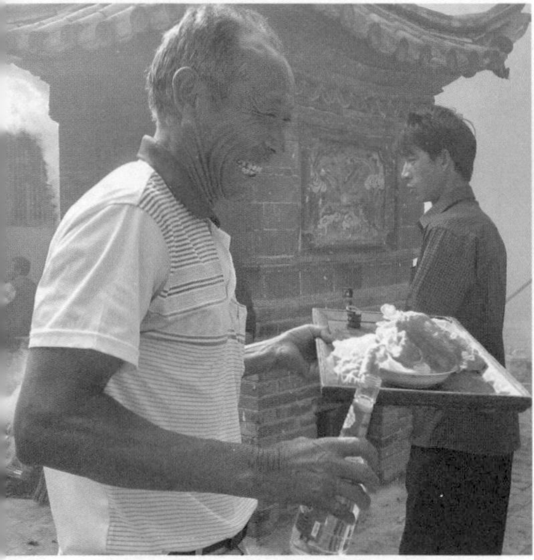

在本主廟祭祀的白族信徒

正在市集買火把的白族居民

其中最深得我心的莫過於白族人不信天堂也不認地獄的觀念了。我想能夠把人生看得那樣通透的宗教不多。佛教要求人承擔前世的孽障，基督信仰則不斷洗腦死後的審判有多可怕，唯白族人就僅是單純地求現世平安喜樂，五穀豐收，一切美滿。

就像要証明活在當下四字一樣，因火把節到本主廟祭祀的白族人拜完了神竟三五成群地就在寺廟的中庭吃起了供品來，他們用刀子剖開全雞，把豬肉切成片再配上敬神的米酒好不歡樂。看到我們幾個路人出現，還大方地分了幾塊豬肉給我們。

「可惜沒有雞腿可吃，不然，他們的雞肯定是自己養的土雞，那是最美味的了。」圓圓姊得了便宜還賣乖地說。

當我們終於到達挖色時那裡的火把節準備已進行得如火如荼。洱海前的空地上搭起了一個橫聯寫著「雙龍戲珠」的紅色帘布大門，一支幾層樓高由松木組成插滿了桃紅色巨香的大火把正等著被立起。不想錯過熱鬧我們也加入了立火把的隊伍。為了順利豎起火把，白族人在火把上綁了幾條粗繩好從不同的方向使力，其中兩條主繩用來讓火把站起，兩條支線負責調整方向讓火把的底部滑進地上挖好的坑內。

點燃小火把

能不能把火把放進坑內是立火把的首要關鍵。當地人的作法是在火把兩旁放置數根短木棍以隨時微調，讓火把不致於在站起來時歪掉。經過了幾次的嘗試，火把才準確地被安置好。

領頭大哥一聲令下，我們猛拉繩子猶如參加拔河比賽，不過主線的人太多使得施力不均，差點又把火把弄偏。

「一些人到旁邊的兩條繩去！」主事的大哥大聲喊道。

火把終於被我們立了起來！桃紅色的火把在藍色洱海的襯托之下顯得非常喜氣，看得我們感動不已，那不僅是白族人的火把節，也是我們的火把節了。

白族慣稱女人為金花，夢婷在火把節的準備會場

立起主火把

轉了一圈後帶了一位穿著傳統服飾美得如花的白族女子回來。那位金花把我們介紹給她的老公與嫁到雙廊的妹妹後就邀請我們到她家作客。難得有機會可以了解白族的日常生活，我們爽快地答應了。

以白色為尊的白族，衣服跟房子亦以白色為主調。愛美的白族有「三家一眼井，一戶幾盆花」之說，我拜訪的那位金花的家正好應證了上面的說詞。金花家的院子除了花草外，還有幾顆結實纍纍的蘋果樹，看得還沒吃飯的我們飢腸轆轆。發現我們還餓著肚子後，金花堅持要跟老公騎車去買米線給我們吃。

跟金花的妹妹在客廳內閒聊等待午餐時，她突然解開衣襟當著我們的面就餵起奶。看到這畫面除了在場唯一的男士阿修，出自直覺我們四個女孩都自動地走到了院子裡。看到阿修的屁股還黏在椅子上遲遲不動，圓圓姊就叫我去把他給請出來。心不甘情不願地到了院子的阿修問我們到底什麼事非得要他移動。

「直盯著人家一年輕媽媽袒胸餵乳你不害躁？」圓圓姊說。

想不到他反過來質疑我們，說白族風俗與漢人不同沒那樣的忌諱，我們才失禮。金花的妹妹餵奶的事讓我想起了青山村本主廟的送子娘娘，若連神明都能夠當眾哺乳為什麼常人不行？也許，真如阿修所說，我們才是多此一舉的人。我們按照自己的道德風俗行事還自以為尊重對方，殊不知那反而顯得我們無知又無禮，讓一件本被視作稀鬆平常的事，蒙上了我們自以為的禮儀陰影。

我們認知的體貼，當換了地方、換了風俗、換了對象後還是體貼嗎？旅行的時候每當去到了一個風俗文化不同的地方時或許我們都該先自問。

午餐過後金花建議我們去逛挖色市集，並囑咐晚上一定得再到她家吃飯。我們期待的

阿修與金花的兒子

挖色市集在火把節當天意外地冷清，下午的街道上僅三兩行人。見離晚餐還有一段時間我們就到金花朋友開的旅館午睡、看電視打發時間。晚上回金花家用過晚餐後，再度前往火把節會場前，我們包了兩個紅包給金花與她妹妹的兒子作為回禮。

每一年的火把節都由村里那年家中有小孩出生的家庭主辦，金花妹妹的小孩才幾個月大，不難理解當晚為什麼是由她的爸爸負責點燃火把了。也要到了那時，我們才知道原來火把節是傍晚的活動，難怪早上在雙廊時我們都感受不到節慶的氛圍。火把節的主火把點燃前得先由當年負責出資興建火把的家族代表和村裡的長老們輪流祭拜，接著一群穿著傳統服飾揹著繡花小包的婦女分兩排站在火把前，手拿木魚隨著樂隊與主持人的號令吟誦唸唱。

主火把點燃後，村民先繞著它順時鐘轉三圈祈求平安健康，再點燃家家戶戶自備的小火把相互祝福。那時跳舞的隊伍已在馬路上搖擺了起來，火把節正式開始。熊熊的火把照亮了洱海黃昏的天際，也照亮了阿修與跨坐在他肩膀上的金花的兒子。金花一家人的熱情就像火把節的火把，溫暖了夜晚，也溫暖了我們的心。跟著他們在火光中遊走，我們把火把節過得跟白族一樣喧囂。

金花一家人、圓圓姊、阿修

03 麗江，心碎的艷遇之都

火把節過後，雨濛、夢婷、阿修還有我接著去到了麗江，雲南最有名的艷遇之都。從麗江古城的外圍往下看，數以千計的瓦片羅列在參差的屋頂上，巷弄的青石板路旁，流水清清、柳樹飄飄，盆花豔豔無處不美。可儘管前後經過了那裡四次，我也從未有過長住麗江的念頭。

有時候我會想是不是因為在麗江沒有艷遇，我才對它沒有好感。但經過麗江螢光四射，音樂堪比噪音的酒吧一條街時我只想快步走人。能夠忍受在裡面的人我確定他絕不會是我艷遇的對象。

就在這一瞬間，才發現你就在我身邊。
就在這一瞬間，才發現失去你的容顏。

歌手小倩的一首〈這一瞬間〉唱出了無數麗江旅人的心裡話。有多少艷遇就有多少心

麗江又稱艷遇之都

我在麗江等你酒吧

碎，夢婷說半夜走在麗江的街頭常會聽到女孩淒厲的哭喊聲。

「我在麗江等你」是麗江最有名的非商業酒吧，它本是中國歌手顏振豪一張專輯的名稱，被他用來當作酒吧的名字後大紅。一晚，雨濛、夢婷和我在那裡認識了一個美麗的香港女孩瑞秋。同桌不久我們就發現有人給她頻頻買酒，那個買酒的人就是當晚在舞台上演出的美國歌手 Tony。帥氣的 Tony 不僅歌唱得不錯還是個聰明人，看到我們是她的朋友，也沒忘了給我們買一杯，唱完歌更是親自來打招呼。

男帥女美的兩人看起來就像天作之合，

商業化的麗江

問瑞秋對 Tony 的心意如何？她笑笑地說他人是不錯，但她在香港有個非常好的工作，無法為了愛情而放棄。

那晚當我們離開酒吧時，看到了兩個女孩跌跌撞撞地走出酒吧的大門，其中一個已經泣不成聲。看來如瑞秋一般幾杯雞尾酒下肚後還能保持大腦清醒的人不多。

麗江是我在雲南的中轉站。我從那裡去了瀘沽湖、虎跳峽和德欽後又折返。我最懷念的是那裡的媽媽納西客棧。那是一間超過十年的民宿，以傳統納西族的院子與美味的飯菜聞名，接連獲得 Lonely Planet 與 Routard 兩本知名旅遊指南的推薦使得他們的客人大多都是外國旅客。

令我意外的是一把年紀的客棧主人也就是納西媽媽本人的英文比我還好，就連她不會英文的老公透過肢體語言也能與客人溝通無礙。

我跟雨濛每次經過麗江都會住他們的三人間，我喜歡從三人間看出去錯落有致的屋瓦和院內的蘋果樹。最後一次入住媽媽納西客棧時我碰到了在大理加盟媽媽納西客棧的莉莉。莉莉跟她的老公本都是廣西人，兩人在大學裡相識相戀進而結婚。就像所有的大理外來者一樣，秉著對彩雲之南的嚮往，兩人也在大理開了間客棧。此外，莉莉的老公還是雲南唯二取得法文導遊執照的人之一。

我們認識時，莉莉的客棧已經解除了跟媽媽納西的加盟關係，名字也改成了莉莉小苑青年旅舍，但雙方依舊友好。那天她剛從香格里拉考察完客棧回來，那一面之緣正是讓我回到大理長住時選擇了莉莉小苑的原因。我住那裡時，莉莉的老公曾問過我要不要跟著他當法文導遊留在雲南。回想起來，假如當時我真的就留在了大理，今天的我又會變成什麼模樣？

「大理的老外都又窮又廢，麗江的老外大多有自己的資產與事業。」莉莉這樣區分大理與麗江，還說將來想要把事業移回麗江去。

俯瞰麗江古城

束河古鎮

麗江的巷弄彎曲，一個轉角就是一道不同的景，走在其中有種尋寶的樂趣。大理直來直往，一條路到底，這條路通南門那條路通北門，說實在的有點單調。但神奇的是在那裡一條街還沒走完就能看到兩種不同的天空，往回看是穿透蒼山重重雲層而下有如神啟的天光，往前望洱海上一片藍天白雲。對我來說麗江的美麗適合用來路過，大理的舒緩宜生活品嚐。

在麗江，雨濛跟我正式同夢婷與阿修告別。夢婷也想跟我們去瀘沽湖，但不得不打包回重慶。阿修的旅行計畫是從西藏去尼泊爾，他的下一站是香格里拉。分別前我接收到了阿修對我的情意，可就像麗江之於我不是那個對的地方，阿修之於我也不是那個對的人，我們注定要走上不同的路。

精緻的麗江

04

瀘沽湖，住在垃圾場裡

瀘沽湖是個浪漫又傷心的地方。

兩棵一高一矮不小心靠得太近的樹在那裡既能被賦予情人樹的稱號，就能有一個女孩在樹下等情人等了十年還等不到的絕望。又說瀘沽湖的水是格姆女神的眼淚，讓人不得不問仙界到底有多少負心的男神才能讓格姆女神哭出一個面積達四十八點四五平方公里的湖。

這個聽起來讓女性心碎的湖還被說成一生一定得去一次，大理飄香酒館的老闆去了回來後卻說還是洱海來得漂亮。不知道那跟他的性別是否有關。

麗江到瀘沽湖的車程約六到七小時，旅遊專車的來回票價一人一百六十元人民幣。這種車子最大的特色就是走走停停讓人可以拍照，司機兼任導遊。

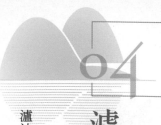

如詩如畫的瀘沽湖

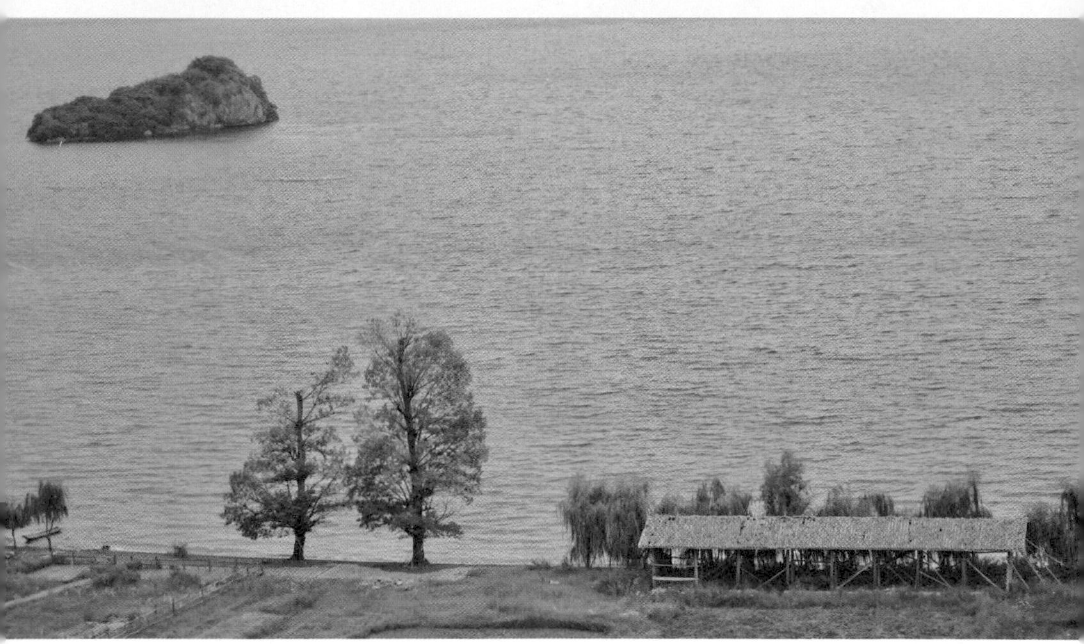

情人樹

麗寧十八彎

麗寧十八彎是去瀘沽湖路上的亮點，公路沿著山體以連續S型而下像一條奮力扭動身軀想要逃到金沙江的蛇。從雲南進入瀘沽湖門票一百元人民幣，自四川進八十元，學生證半價。付款後可得到門票和紀念光碟一張。

瀘沽湖天氣好時，湖上湖下像兩個顛倒的世界，划小船遊盪其中，湖裡的水性楊花（又稱海菜花或海藻花）飄蕩的樣子清晰可見。

除了我們住的那間青年旅館髒得像垃圾場一樣以外，瀘沽湖的一切都很美。去瀘沽湖之前，雨濛從麗江打電話預訂那間青年旅館的床位時，對方還不讓預訂。雨濛說她立刻匯款過去總可以了吧。對方還是不答應。「我穿裙子在雪地裡給你下跪，求你了！」雨濛一急就脫口而出。

瀘沽湖的豬槽船

可是仍然不行。

「我讓台灣來的美女陪你聊天，怎樣？」雨濛不惜把我都給出賣了。

最後好話說盡，費了九牛二虎之力才訂到了兩張床位。

可這麼辛苦訂到的青旅，迎接我們的卻是堆滿了髒盤子的餐桌與蒼蠅滿天飛的大廳。青旅的院子裡寶特瓶、壞衣架與髒衣服四處散落，與我們在訂房網站上看到的照片找不到一絲相似。

就像要挑戰我們的極限一般，那間青旅的房間也一樣髒亂。我們住的女生房裡散發著一股潮濕加食物腐爛的悶臭氣，桌上吃過一半的食物與地上的垃圾不知道被擱置了多久。我跟雨濛被嚇得奪門而出完全不想再回去那個房間，可就連那樣的床位都得求才有，夏天的瀘沽湖對背包客很殘忍。我跟雨濛只好找來掃把自己動手清理房間。

室友醒來後告訴我們那是她們住過最髒的青旅，若不是房費已付早就換地方住了。第一晚雨濛就被跳蚤給咬了。不僅有跳蚤，我們的浴室還排水不順，洗澡的同時也在泡腳。那是一間廁所兼浴室的設計，蹲式馬桶就在地上，當洗澡水跟馬桶的水混在一起並滿出來時，很難區分泡的是水還是尿。六人床的房間，除了我們和先到的兩位室友，另外兩張床天天都換不同人，新來的人總是重複「這是我住過最髒的青旅！」

我們兩位固定的室友，分別是來自湖南的阿芳與杭州的小彤。阿芳打扮中性，雨濛首次見到她時還以為我們住的是男女混合房，差點沒逃走。這樣的兩人卻特別投緣，阿芳說若非雨濛是女的，她們可是有百世都修不到的姻緣，八字百分之百契合。在上海唸宗教人類學碩士的阿芳在杭州的寺廟做研究兼修行時認識了小彤。小彤因性情暴躁才到山裡的寺廟修身養性。而阿芳的師父恰好就是杭州一個算命十分厲害的和尚。

我們與阿芳、小彤

走婚橋

得知阿芳會算命，雨濛便要求她幫她算姻緣。年過三十的雨濛想結婚卻沒有適合的對象，交往過的異性都沒結果。倒是她的妹妹很早就結婚，跟老公在北京的生活幸福得一塌糊塗。身為大姊，雨濛有她的壓力。當阿芳算出她至少要到隔年才有機會結婚時，「求求妳，再算一次吧！我今年就想把自己嫁掉！等不了明年了。」雨濛忍不住哀求。

阿芳說雨濛的職業選得對，當老師可以磨練她的個性讓她柔軟一點。關於雨濛的個性，小彤的形容最為貼切，她說雨濛的強勢是無需開口，他人就已經被她壓得喘不過氣來。這話是誇張了點卻也有幾分的真實。

阿芳安慰雨濛她肯定會嫁出去的且老公還是個帥哥，只不過還需兩三年的時間。阿芳也幫我算了，斷定我以後會做生意賺大錢，三十出頭才會結婚，宣稱我二〇一五年會有轟轟烈烈的戀愛，還說不信可以跟她保持聯絡應證。

我們在瀘沽湖的青旅唯一的優點就是它的義工小白，一個來自中國東北比起中國人更像韓國人的男孩（他堅稱不是高麗族）。小白即是雨濛打電話預訂床位時在另一頭接電話的人。他本是麗江那家青旅總店的義工，到了瀘沽湖玩後又順勢地在瀘沽湖的分店幫起忙來。

一晚小白約我們到大廳喝酒，不喝酒的雨濛說要湊熱鬧陪我去。雨濛不喝酒是因為體質的關係，她跟她爸一樣只要一喝酒馬上就雙眼充血嚇死人。偏偏得四處宣導共產思想的她常遇到不得不喝的場合，那時她就會宣稱自己有宗教信仰不能喝酒。當人家問她信什麼宗教不能喝酒時？她總回藏傳佛教。

然而在瀘沽湖草海走婚橋的藏傳佛寺裡，當喇嘛幫她看完手相暗示她捐一點香油錢以保平安時，她卻大聲地回覆喇嘛她不信藏傳佛教。吃驚的喇嘛反問那她信什麼？

「我信共產黨！」說完雨濛立馬起身走人。

跟雨濛相比我不禁覺得自己沒用，當幫我看手相的喇嘛也示意我捐香油錢時，我沒志氣地一下就掏出了五十元人民幣。我跟自己說一切都是為了幫爸媽祈福，不然就當給喇嘛們整修佛堂裡因為地震裂開的珍貴壁畫也好。但真正驅使我掏出錢的其實是恐懼，自我看了法國奇女子亞歷珊卓．大衛．尼爾的《拉薩之旅》後，我對於西藏的原始信仰苯教就遲遲無法忘記，我擔心同屬苯教的這瀘沽湖黑喇嘛寺的喇嘛若不開心，會對我施予傳統藏族的神祕巫術。雨濛瀟灑離開的背影，讓我不得不承認共產黨的無神論教育落實得有夠徹底。

在走婚橋上邊讀書邊賣東西的摩梭族少女

喝酒的那晚，我們三人之外還有一位新來的青旅義工與一對摩梭族雙胞胎兄弟。雙胞兄弟是那間青旅土地的擁有者也是負責載客人環瀘沽湖的司機，他們的房子就在我們的房間後面。性情開朗的他們彼此作弄，笑笑鬧鬧地讓我們度過了一個難忘的女兒國之夜。

回麗江的路上，我們的小巴司機哈欠連連地告訴我們他想睡覺，弄得整車人都忐忑不安，深怕他一恍神就把車子開到山谷裡。自從知道司機眼睏後，大家都動員起來收羅口香糖、薄荷糖等任何可提神的東西給他。我也從原本睡死的狀態變成緊盯著後照鏡

里格半島

不放，監看司機是否有睡著的跡象。快到麗江時，我才發現雨濛跟我做了一樣的舉動並有著相同的困擾。那就是我們的司機有一雙極細的丹鳳眼，就算他睜開眼睛也難以判斷他到底是醒還是睡。中途，司機告訴我們他已經清醒了請放心，可沒有人相信。

「師傅，若真想睡的話停在路邊睡一下沒關係，我們可以等的，安全第一。」雨濛還是那句老話。

05 徒步虎跳峽，走出極限

追溯起來去年我能夠走過世界最大的隘口 Thorong La Pass，完全只是因為我騎腳踏車去大理喜洲的路上，一個法國人向我推薦了虎跳峽徒步。在那之前我從未想過高山徒步，就連購買旅行背包時我都選了腳踏車通勤包而非登山包。我之所以成為一名徒步愛好者，全是旅行中的出乎預料四字所致，是旅行造就了我，而非我決定了它。

從瀘沽湖回到麗江的那晚，在一股莫名的衝動下，沒先告知雨濛我就擅自訂了一張去虎跳峽的車票。雨濛得知後很是錯愕，虎跳峽三個字完全不在她的考慮之內。我告訴她若她不想去虎跳峽徒步，她可以先到香格里拉等我，然而她不是不想去徒步，只是不知道自己行不行。

媽媽納西客棧的櫃檯告訴雨濛，虎跳峽徒步的難度是連小孩都可以走的等級。我後來才知道虎跳峽有分高路與低路，高路是狹窄的山路全程爬升四百五十三公尺，有一段挑戰意志的二十八道拐。低路是給車開的大馬路，老少皆宜。

難度不是讓雨濛怯步的主因，土石流才是。那時我們聽聞虎跳峽的公路發生了崩坍，八月恰巧是雲南的雨季，難保不會有更多的意外。雨濛對於是否要跟我一起去虎跳峽遲遲無法下定決心，她想要找到一個剛從虎跳峽出來的人親口告訴她那裡不危險，請放心地去吧。可惜問遍了客棧大廳的人，她都得不到想要的答案。由於她也不想一個人先去香格里拉等我，使得她就像個亂了磁場的指南針不停地兩邊晃動。

那晚的我非常自私，看到雨濛夜深了都還沒有定論就自行跑去睡，留她一人繼續收羅虎跳峽的資訊。隔天起床後，發現她也跟著起床我就問她怎麼起得那麼早？「去虎跳峽呀！」雨濛說。與她那十年前就獨自搭便車入西藏愛冒險的妹妹不同，雨濛一直都扮演著乖女兒的角色，安分地待在家裡認真讀書、努力考試。西安大學經濟系碩士畢業，本可進入金融業賺大錢的她卻選了只有微薄薪水的老師當職業。

遇到我之前雨濛雖已在中國不少地方旅行過，但從對談中可發現她是個相對保守的人。矛盾的是她又渴望探險，想要有不一樣的旅行經驗就如她妹。套句她自己的話就是「我怎麼這麼晚才開竅呀！以前我妹在瘋、在享受生活的時候，我卻只顧著念書，對我妹的經歷不聞不問不為所動，我那時是怎麼了？現在開始我也要好好看看這個世界，把之前

我們的徒步小隊

錯失的都給補回來。」

最後，我、雨濛、剛從瀘沽湖當義工回來的東北大學生大禹、一對法國情侶及一位韓國大叔，共六人一起出發去虎跳峽徒步。

前往虎跳峽的途中下起了細雨，車窗外陰沉的天就如我們的心情。經過了一個多小時的車程我們抵達了虎跳峽徒步的起點橋頭鎮。買過門票後沿著一條不寬的水泥路向上走不久，我們碰到了兩個正忙著把割下來的青草裝載在驢子身上的納西族農民。一棟房子前我對著兩隻走路一搖一擺的大白鵝呱呱叫想要逗牠們，但我低估了鵝這種家畜，料不到最後竟落得被牠們攻擊逃跑的下場。

金沙江

過了納西族的村子後，水泥路換成了蜿蜒向上的潮濕泥土小徑，飽含泥土呈奶茶色的金沙江在我們背後綠得發亮的山谷匍匐前進，地中海一樣藍的天空在棉海般的白雲中撒下鼓舞人心的光線。從那裡起我們首次開始感到力不從心，呼吸急促渾身發熱。

韓國大叔是我們六人之中最老練東西最少的一個。雨濛、大禹跟我的背包最大、東西最多。我們雖已把暫時用不到的東西都寄放在了麗江，但由於虎跳峽後我們三人要直接去香格里拉，因此相較起另外三人，我們的背包還是重得不可思議。擔心筆電被偷，我甚至還背著它徒步。

韓國大叔的裝扮告訴我們他乃有備而來。剛

從山裡出來的大禹也有登山鞋跟登山杖。法國情侶穿著慢走鞋，背包不大一身輕便。最糟的是我跟雨濛沒經驗又沒準備，我穿著帆布鞋，雨濛穿著更加不適合徒步的厚底布鞋。

從山腳起兩個牽著馬的大哥就跟著我們前進，問他們為何跟著我們走？他們回也要到山的另一邊去。很快我們就意識到他們就是盯著我跟雨濛而來。看到我們沒多久就氣喘吁吁，兩個大哥儘管還是一聲不響，但我知道他們在等我們求救。

過了一段時間雨濛開始臉紅得像猴子，汗流不停腳步緩慢。我提議不如把行李給馱馬。起初她不同意後來覺得真的不行了就讓我去詢價。一問對方竟不願意只馱行李堅持連人也要一起才載。我了解馬夫為的不過是多賺一點錢，但聽在心裡很不是滋味。被他們那樣一激我們又持續走了一陣子。

就在我以為我們已經習慣了背包的重量時，雨濛卻宣稱再也不走了，說要不她往虎跳峽裡跳，要不她騎馬跟我們一起走。我萬萬不會讓她去跳崖，可我也不確定她是否敢騎馬，尤其還是在懸崖小徑上。在麗江時雨濛曾告訴我，若沒有受過專業的訓練她絕不冒然騎馬。

虎跳峽徒步才剛開始

雨濛順利坐上馬背讓我鬆了一口氣，畢竟若非被我逼到沒辦法，她也不會出現在虎跳峽。自大理認識以來，從雙廊到瀘沽湖近十天的相處我們有著一定的革命情誼。

「雨濛，虎跳峽不錯吧！看，妳原本還不敢騎馬的，現在都騎在馬上了。不只騎馬，還是在山邊小道上騎馬。這麼高的山谷妳都不怕，是不是說來了這裡之後，妳連懼高症也治好了？」看到雨濛漸漸習慣了馬匹的節奏後我對她說。

「不是這麼說的吧！我是被逼的呀！不然在這荒山野嶺中我能怎麼

辦？」雨濛回，「我的媽呀！我竟然騎馬了，我要跟我妹講！」

雨濛騎馬讓兩個馬夫信心大增，期待我也能夠成為他們的馬上嘉賓。但我還在為先前的事生氣，此外，是我堅持要到虎跳峽的，若連我也騎馬那還像話嗎？適應了背包的重量後漸漸地我也走出節奏，有預感可以走下去沒問題。大禹一度提議幫我揹行李，但被我拒絕了。

挑戰虎跳峽徒步最困難的二十八道拐前我們決定再休息一次，剛好那時雨濛騎馬也告了一個段落。馬夫說若要繼續騎得另外付錢，雨濛回她不用再騎馬剩下的用走即可，「不過得先讓我喝一瓶紅牛才行。」她補充。

那時好不容易停下的雨又開始下了起來，大家紛紛拿出雨衣，我嫌雨衣悶就把我的雨衣給了雨濛。雨衣再次揭示了專業等級的不同，韓國大叔的雨衣是標準的戶外徒步裝備，可以連背包一起遮蓋。大禹撐雨濛的傘，雨濛穿我的台灣黃色輕便雨衣，我撐自己的傘。法國情侶穿防雨夾克，帽子往頭上一戴就走。兩個馬夫見我們不會再騎馬後，便往回走尋找下一組目標。

走在懸崖的邊緣

雨天的水氣讓虎跳峽迅速被霧氣攻佔，一人寬的高山小徑上四周只剩下單一的白，整個世界除了眼前的那幾步是真實其他都成了虛無。擔心視線的消失，我們死命跨步往前希望能夠在天黑之前趕到過夜的中途客棧（Halfway Guesthouse）。

虎跳峽徒步有兩天和三天的走法，我們選擇了兩天的路線，自橋頭出發後，中午在茶馬之家休息，晚上住在中途客棧，隔天繼續走到蒂娜客棧（Tina's Guesthouse）後坐車返回。

抵達中途客棧時我們已淋成了落湯雞，辦好入住後就衝去洗澡、換衣服。位在山腰被雲霧環繞的中途客棧除了有著天下第一景的廁所，他們餐廳的牆上還掛滿了各國的登山隊旗。看到韓國旗子出現的頻率很

遠瞭玉龍雪山

高，我跟韓國大叔說看來韓國人很喜歡虎跳峽。

「老婆，此生最大遺憾的就是在二十八道拐騎了馬！」餐廳一個臨峽谷的窗檻上寫著。

雨濛看了說好險她是自己走完。二十八道拐是虎跳峽徒步最難的路段，連綿不斷的上坡，一彎接一彎，一拐過一拐像永遠也走不完。回想起來我也不太記得自己是怎麼熬過來的，或許就像雨濛所說就只是死盯著前一個人的腳跟無意識地一直走罷了。

身為中國最容易的高山徒步路線之一，虎跳峽有著與其難度成反比的壯麗景色。而中途客棧正是最好的觀景點，只可惜雨季的八月，玉龍雪山像神祕的龍一樣躲在了雲海裡，金沙江陡峭的峽谷也僅在霧中忽隱忽現。假如說虎跳峽的風景也分陰陽，那麼雨季的虎跳峽帶給我們的就是如仙境一般飄渺的陰景。

第二天早上，我們硬著頭皮穿上濕褲子、鞋子上路。法國女孩看到我們穿著跟前一天相同的衣服，以為我們的褲子乾了不禁用手一摸，可惜衣服冰冷潮濕的觸感讓她只能尷尬地說她的褲子也沒乾，只是她無法忍受穿濕衣服才冒寒穿了裙子。雨濛為了保暖也顧不得形象，雙腳套上不同顏色的塑膠袋才穿鞋。

相較於第一天將近八小時的路程，第二天的徒步可謂小菜一碟，陡峭的下坡雖讓我們幾度都差點滑跤吃土，不過總體來說輕鬆很多，還沒中午我們就到了蒂娜客棧。在那裡我們獲知連日的下雨導致虎跳峽公路出現了兩處嚴重的崩坍，車輛無法通行，僅能徒手爬過亂石堆。其中一處的崩坍剛發生不久仍有落石，客棧的人怕出事不敢幫我們安排車子回橋頭鎮。

我們的隊伍第二天增加了一對英國情侶。除了我、雨濛和大禹，其他人都決定冒險爬過兩處崩坍再另外找車回麗江。其中法國情侶當晚要趕搭夜巴到昆明，不走不行。客棧的人告訴我們除了崩坍的那條路，還有另一條路可回麗江跟去香格里拉，只不過那條路較遠花費也較高。我們三人一時拿不定主意就決定先吃午飯。英法兩組情侶檔跟韓國大叔不再猶豫，即刻出發返回麗江，韓國大叔的下個目標是稻城亞丁。

我們午餐吃到一半時，前晚在中途客棧遇到的中美情侶檔也現身，等他們也吃過午餐後，我們決定跟他們和另外一對新到的法國情侶，總共七人要翻過公路的兩處崩坍。

崩坍的嚴重性直到親眼所見才有所感，巨大的石塊從上方的山崖掉落截斷了馬路，下方深邃的峽谷讓人無路可走。一開始我們站在崩坍前六神無主，後才發現有一條貼著峽谷的臨時通道讓人可單腳通行。扶著石頭我們屏氣通過，每過一人就鬆一口氣，然而只要前方的那人稍有耽誤，後面的人就腎上腺素激升，怕上面的石頭在那短暫的一秒砸了下來。

第一個崩坍到第二個崩坍之間有九公里的路程，可走路也可坐車。往來於崩坍之間的兩台轎車是土石流發生時被卡在裡面出不來的當地人車子。不懼被石頭砸到的風險，那兩台車白天來回於兩處崩坍之間，不要命的賺起觀光客的錢，晚上就翻越崩坍到附近的朋友家過夜。

為了安全起見，每台車都配了兩人，一人負責開車，一人負責查看落石墜落的情況。我

虎跳峽公路崩坍

們七人分散在兩台車子裡，時快時慢地避開落石朝第二個崩坍前進。開到一半時我們在路邊發現了早我們出發的韓國大叔。以為他出了事情我們趕緊停車派人去了解情況。韓國大叔果真是個徒步瘋子，他說那段路他單純只是想要用走的不想坐車。

第二個崩坍真的就是一條可稱之為路的東西都沒有，得從巨石上爬過。我們爬也就算，當地人竟背著喝奶的娃兒也爬，看得我們冷汗淋漓。當地的大哥安慰我們直說沒事沒事，他們常常那樣爬來爬去。當我們都順利地通過兩處崩坍後，我告訴雨濛我第一次覺得對不起我的家人。

抵達橋頭鎮後，我們在那裡換了一台車去香格里拉。往香格里拉的路上，我問來自虎跳峽的司機，虎跳峽的坍塌可曾砸死過人？他說有，只不過中獎的都是遊客。

06

在香格里拉說再見

抵達香格里拉後我們兵分三路行動，法國情侶去公車總站，中美組合去朋友所在的客棧，雨濛、大禹跟我得找個地方過夜。

海拔三千二百公尺的香格里拉下起雨來冷到了骨子裡，大禹提議去吃毛牛火鍋喝青稞酒暖身。犛牛火鍋是香格里拉最著名的料理，古城的大街上有兩家極為出名，我們選了其中一家進去點了個中鍋、兩杯青稞酒跟一盤青稞餅。

青稞酒烈得我難以下口，大禹倒是喝了大半杯。犛牛肉比普通的牛肉扎實，吃多了容易嘴酸。吃完火鍋走在街上，一位賣餅的大哥看到我漲紅的臉便說：「喝青稞酒了齁！」

隔天大禹和雨濛去了普達措國家公園，我嫌一百八十元人民幣的門票太貴不去就留在古城裡閒晃。跟大理白族與麗江納西族不同，中甸的香格里拉以藏族為主，建築都是兩層木造的藏式樓房。古城的四方街還立著一個有轉經筒掛著五彩經幡的白色佛塔。

香格里拉獨克宗古城雖然精緻，但走在雨後的石板路上我沒有走在天堂的感覺，對我來說它只是一個美麗的地方。Kim Roseberry在《尋訪失落的香格里拉》一書裡曾說：「將一個地方命名為香格里拉，實際上是剝奪人們的夢想。香格里拉是想像中的天堂，每個

犛牛火鍋

香格里拉獨克宗古城的街道

香格里拉獨克宗古城的佛塔

往德欽的路上

人對天堂的觀念都不同。天堂是最美好的理想和幻想，如果用香格里拉命名一個地方，那麼天堂就成為一個具體的有形物。將夢想強迫變成現實，等於毀了這個夢想。」她的觀點我完全同意。

眼見雨濛的生日快到，而到香格里拉後我們將分開，我就買了一條用犛牛毛所編織的手鍊作為她的生日禮物。為了接下來跟大禹的雨崩徒步，那天我還去買了件刷毛上衣。但買完衣服後不久，我為旅行所準備的零元手機就不見了。我認為是掉在了戶外用品店裡，可等我回頭尋找時店家卻宣稱沒看到我的手機。

大禹高中時曾想加入共產黨，還想過大學要去念軍校。為了加入共產黨，他一度勤勞地寫自我檢查報告，為了進入軍校他曾天天訓練體能。可惜最後他既沒加入共產黨也沒有唸軍校。沒有加入共產黨自然是共產黨不要他。至於軍校，他說軍校體檢的前一天，他一手狠狠地朝自家的玻璃窗捶下去，被送去醫院縫了十幾針後也跟軍校說了再見。自那之後大禹就跟他媽媽一起信了佛。

出發去德欽的那天早上，雨濛叮嚀大禹要把我照顧得像她照顧我一樣。雨濛不但在雙廊把發高燒的我顧好，就連她要回西安了也不忘留下一些保健食品跟盥洗用品在麗江的媽媽納西客棧好讓我再回去時可以使用。我不指望大禹可以成為第二個雨濛。

告別雨濛後，大禹跟我同另外兩個中國女孩併了台小麵包車去德欽。雨濛其實也渴望同行，還說她雲南行的最終目標就是為了看德欽梅里雪山的日照金山。但她被領導臨時叫回西安開會，又得參加一個研習營輔導新同事。

香格里拉到德欽的路依舊繞著山打轉。那是段崩坍時有所見，柏油與泥土交叉出現的窄路，坑這裡一個那裡一處。大家都說若不是本地人開的車子千萬不要坐。我們的司機是位英俊的德欽藏族人。

載我們去德欽的藏族司機

在離德欽約還有一小時車程遠的地方，公路的對向有一台轎車整個卡進了馬路跟山之間的水溝裡。問怎麼發生的，說是開到一半睡著了。

路過的人無不找來鏟子、千斤頂幫忙，有人挖土、有人填石也有人推車，一群人忙手忙腳的，其中不乏開車自駕的旅客與警察。大禹跟我們的司機也加入人群裡。

我們的司機交友極為廣闊。沿路就見他一下跟某卡車司機打招呼，說那是他表哥。一下又見他嗚幾聲喇叭指那是他堂哥。忽而他又把車子停在路中跟對向來車的司機閒聊起來，對後方催趕的喇叭聲聽而不聞。

好不容易以為各種情況都見過了，他卻又跟別人飆起了車來，兩台車互不相讓，一下我超你的車一下你超我的車，三兩趟後不免火大了起來。最後雙方把車停在路中間推門下車，我們的司機向前提起了對方的衣領眼看戰火一觸即發。可突然他們倆一個動作我就愣住了，他們熱烈擁抱，一切都只是鬧著玩，是我們這些遊客過度緊張了。

德欽飛來寺覺色滇鄉青旅的櫃檯，廣東仔非凡告訴我青旅裡還有另一個叫阿怪的台灣

因睡著而卡在德欽半路的轎車

人。他說阿怪剛從雨崩徒步回來人很搞笑。那是我首次聽聞有台灣人在附近。

問了阿怪的房號我就上樓找他，打開阿怪的房門結果不但阿怪在裡面就連阿修也在。自麗江開始阿修就跟我和雨濛走上了不同的路，我們去瀘沽湖跟虎跳峽，他朝西藏、尼泊爾前進，想不到那麼快我們就再相見。阿修問我怎麼這麼久才到飛來寺？我反問為什麼那麼久了他還在飛來寺？他回雨崩徒步就花了四天，另外還得等從家裡寄來的包裹。

靠近德欽的壯麗峽谷

阿怪的年紀跟我差不多，走小三通進入中國後從廈門一路往西，在中國背包客的指導下他學會了搭便車旅行，我們相遇時他正準備進西藏。阿修、阿怪和非凡一起完成了雨崩徒步。

我問阿怪打算如何入藏？畢竟台灣人跟外國人都不能自由單獨進出西藏只能參加旅行團。他說他的中國朋友給了他一張假證件，他要靠它闖闖看。我從雨崩徒步回來時，非凡告訴我阿怪去西藏前曾把他的假證件秀給他看，他說假證件上的人跟阿怪一點都不像，阿怪卻強調嘴巴抿一下就像了。回台灣前我發現阿怪不但順利通過西藏甚至已抵達中亞。他預計從中國旅行到歐洲，後再到加拿大找朋友。

注重穿著的非凡錢都花在了打扮上，連在飛來寺那樣的地方都堅持要穿馬丁靴，說最欣賞穿馬丁靴旅行的女孩了。我問他在飛來寺如何花錢？他回沒有網路辦不到的事，再遠都有快遞。

「台灣的夜店是不是有很多屍體？」非凡問，「聽說在台北東區的夜店有很多女孩子故意喝到爛醉倒在地上讓別人撿回家過夜。」

「完全沒有聽說過。」我回復他：「等我回台灣確認後再告訴你。」

又一次，繼雨濛比我還清楚《那些年，我們一起追的女孩》的劇情後，我再度感受到中國人比我還清楚台灣當下的流行趨勢。

非凡說阿怪老是「靠北」、「靠北」地講個不停，他不懂那是什麼意思，去問阿怪可他又不肯講。我推託那不好解釋叫他還是去找阿怪比較好。

我稱讚非凡的金耳環非常適合他。他一聽嘴角就揚個半天高說那是他的護身符，是他奶奶的遺物他一直都戴著。

我問他打算在覺色滇鄉青旅工作多久？他回不知道。不過他相當喜歡自己的工作，說是可以遇到很多有趣的人。問薪資？他回月薪一千五百人民幣

金沙江大拐灣（月亮灣）

包吃包住，工作滿一年有旅行假可放。中國青旅官網上的報告顯示大多中國青旅的薪資都落在一千至一千二人民幣。

「台妹，等著我。」離開飛來寺的那天，非凡告訴我隔年他一定會去台灣。

07

走進世外桃源，雨崩村

雨崩村的發現有著這樣的一個故事，傳說有一個老人常至瀾滄江旁的西當村借糧，但沒人知道那神祕的老人從何而來。一次西當村民偷偷在他的小米袋上戳了個洞，跟著地上小米的蹤跡找到了一塊巨石，掀開巨石發現其下有一村子，即雨崩村。

現實的雨崩村雖不在巨石之下，但傳說透露了它隱密的地理位置。位於迪慶藏族自治州德欽縣的雨崩村建在梅里雪山之下，海拔三千公尺，從古至今都僅能靠徒步與牲畜進出，也被稱作世外桃源，真正的香格里拉。

雨崩村之所以特殊，除了位置隱密，保有純粹的藏族文化以外。在藏傳佛教的信仰中它還是一個重要的朝聖樞紐，雨崩即經書之意。藏人相信，轉山就是跟隨神的足跡，前往彼岸之地。

梅里雪山的卡瓦博格峰（海拔六千七百四十公尺）不但是雲南的最高峰，也是藏傳佛

雨崩村民

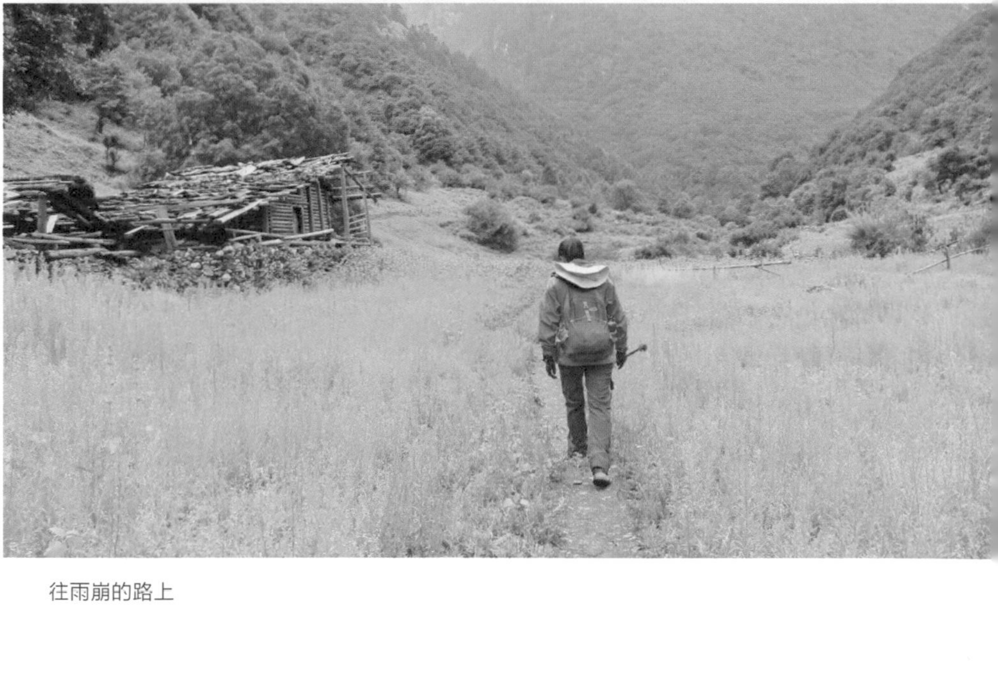

往雨崩的路上

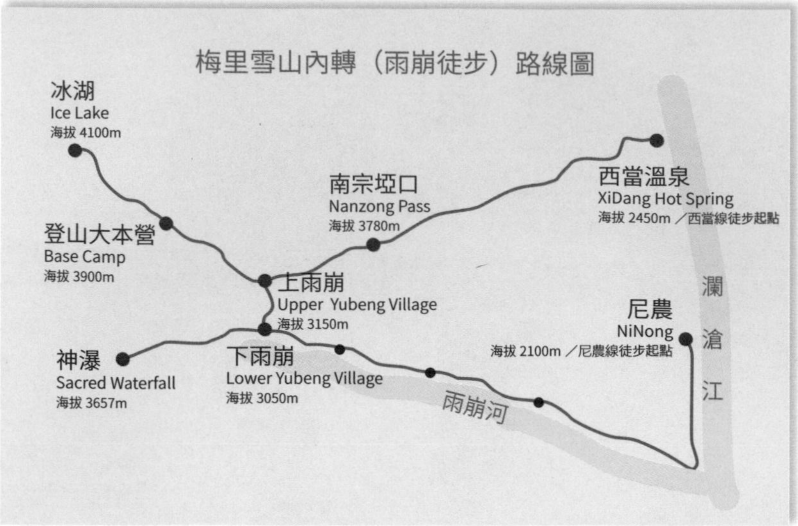

雨崩徒步路線參考

教的八大神山之首，至今都未被攻頂。藏民相信完成卡瓦博格轉山一圈可以洗盡一生的罪孽。其中卡瓦博格內轉經（又稱梅里內轉）的中心位置就在雨崩，從那裡可以抵達內轉經的三大聖地神瀑、冰湖與神湖。

這三個地方既是藏人的聖地也是背包客去雨崩的主因。一個不依賴驢馬親自走完雨崩與三大聖地的背包客可以稱得上背包大俠，值得令人刮目相看。因為，單是進入雨崩村就得走上六到七小時的路程。

我是在麗江認識了大禹之後才知道雨崩村的存在，回想起來我能夠完成神聖的卡瓦博格內轉經，得以洗掉身上的業障都多虧了大禹這位老愛跟我爭論中國台灣是否同一國的東北大學生。

尼農峽谷

德欽有兩條路線可以進入雨崩村，分別為西當線與尼農線。西當線從西當村口開始徒步（單程約十公里），沿著針葉林一路筆直往上跨過了海拔約三千八百公尺高的南宗埡口後，雨崩村就在山下的另一頭。西當線是進入雨崩的主要路線，那是一條安全卻也相對單調的路線。走在其上常會碰到馱送物資上山的驢馬。

尼農線（單程約十五公里）是後來才漸漸受到矚目的路線，它的起點從瀾滄江旁的尼農村開始。沿著尼農峽谷的小徑走後，繼續沿著雨崩河前進就會到達雨崩村。以沿途的景色來說，包含峽谷、森林與溪流的尼農線遠勝過全程陡上陡下僅有針葉林的西當線。

但與西當線相比，尼農線的路狹窄又緊鄰峭

壁，加上進入森林後沒有清楚的路標，使得每年都傳出有旅客從那裡消失的新聞。久而久之，尼農線就成了危險的代名詞。

然而，在德欽飛來寺的覺色滇鄉青年旅館裡，當我們詢問剛從雨崩出來的人該選擇哪一條路線進去時，對方卻說：「笨蛋才會走西當！」從西當進去，累又無聊，走尼農，美麗又輕鬆。

聽了他們的話我們也決定冒險一試尼農線，但另一組跟我們同一天出發至雨崩村的人，還是寧可打安全牌走西當線。

西當與尼農兩個登山口離飛來寺都有一段距離得坐車才能抵達，其中尼農比西當近。隔天早上我們搭車抵達瀾滄江河谷，步過了橫跨瀾滄江的吊橋後，我們四天三夜的雨崩徒步就正式開始。

尼農線的起點，峽谷開闊壯麗，瀾滄江橘黃的江水不留情地流過。低矮的灌木叢有如長在山壁上的巨大青苔點綴在峽谷間。經過幾隻在樹叢中覓食的黑毛豬，爬上半山腰的小徑後，峽谷的景色更顯豪情與荒涼。回望來時路，但見對岸的公路如手術過後的疤痕攀在山腰上，落石的殘跡如瀑布落於公路之下。

傳言有墜崖風險的尼農小徑意外地平緩好走，確實那是一條僅容單人過身的碎石步道，在大雪或大雨中行走危險性極高。但大多的時候它就只是一條安靜有著絕色風景的小路，若非被尼農峽谷的景色奪魂失腳倒不至於有生命危險。

跨越瀾滄江

緊貼著山壁而行，一旁就是深邃的峽谷

轉山的藏民

起步不久我們碰到了一位身穿橘色背心趕著馬群的藏民。跟他再度確認了前往雨崩村的路線後，我們便開始專心趕路。

我們的雨崩徒步小隊除了大禹跟我早就認識，其他五人都是在飛來寺的覺色滇鄉青旅才碰到。另外五人分別是曉遊姊、小四、餅姊、李楊和萌萌。曉遊姊年紀最大也最有經驗，約三十出頭的她被我們稱為業餘專業徒步人士。為了逃避普達措國家公園的門票，她跟朋友不惜徒步三天繞路進入國家公園。開她玩笑時我們都說：「姊，妳是神人，我們只不過是普通老百姓，等級完全不同。」

小四，一個年紀跟我差不多有著健康膚色的河南女孩。很有一姊架勢的她不管徒步、說話還是做決

我們的忠誠嚮導

定時領導氣勢都比我們強，兼任公關的她也是我們的談判代表。拿著一根竹棍當登山杖，腰間披著外套，她說自己像丐幫幫主。

餅姊，山東人膚色極白，個性溫和。因一人可以吃掉一整個大餅獲得了餅姊這稱號，是在昆明唸書的碩士生。李楊是廣州人，他的好脾氣與詼諧使得他在隊裡扮演著出氣桶的角色，專門讓大家三不五時損他幾句。

萌萌，隊裡最年輕的男生，稱自己是隊裡的驢馬專門用來馱東西。果不其然隊裡的東西幾乎都是他在揹。他老說揹那一點東西算什麼，以後他還打算徒步去西藏呢。除了耐走耐重他也是個活寶，當他跟李楊一搭一唱時就意味著娛樂時間到了。

趕著馬群的藏民

除了我們七人，還有一隻從瀾滄江起就跟著我們到雨崩的白狗。那隻狗到了第二天還跟著我們去了神瀑，看在牠鍥而不捨的精神上，我們把牠也算成我們的一份子，擔任嚮導。而確實也是牠一路帶我們進入雨崩。大家都給牠取了不同的名字，使得最後牠什麼名字也沒有。

某個轉彎後我們離開了瀾滄江改沿著雨崩河而上。起初雨崩河在山谷中僅細如絲帶，但越往上游它的水面越大，地勢越平緩，我們也從峽谷走到了河岸。到了中段，在豐富水氣的孕育之下，河邊的林木開始出現濕潤的青苔。經過了一座陽春的木橋後我們在河岸休息時遇到了一群轉山的藏民。他們攜家帶眷男女老幼都有，為人十分熱情。

據說每年秋季都有會有超過十萬來自瀾滄江、金沙江與怒江流域的藏民到卡瓦博格轉山。又到了卡瓦博格的本命年羊年時，朝聖的人更多。藏曆羊年號稱諸神齊聚卡瓦博格，在那一年轉山一圈可得十三億遍瑪尼經功德。

我們重新上路時藏民還在休息，但等我們到了下一站，卻發現他們已領先我們一步在前頭，讓我們不得不懷疑捷徑的存在。可往雨崩的路怎麼看也只有一條，而我們就走在那之上，我們一群七人總不會都漏看了人數比我們還多的藏民。可藏民超前的次數不止一次，到了後面當我們累得想趴在地上還看到他們遙遙在前時，「幹！我敢說他們一定有抄小路！」李楊說。

到了尼農線的售票口格桑梅朵時，我才知道除了大禹跟我以外，我們隊的其他五人都是秉著逃票的心態才選擇了尼農線。可管理員等待的身影老遠就看得到，大禹跟我認為除了掏錢買門票已別無他法便率先向前。另外五人決定先開個小組會議再行動。

雨崩的門票八十元人民幣，大禹是學生只需半票，我畢業已久只好買全票。不久，其他五人也跟了上來，不過他們全都裝成學生買了半票，讓我覺得自己老實得有些傻。在麗江時雨濛曾提議要給我辦一張假學生證以備不時之需，我不聽。殊不知就連後來我回大理遇到的兩個台灣男生都知道要花三十元人民幣買一張假學生證。中國景點的門票隨便就八十、一百人民幣，有張學生證可以省下不少旅費。

不過並非每個景點都能輕鬆混過關，一些景點除了要看學生證還要比對身分證。在虎跳峽時，雨濛的假學生證就無法使用因為對方還要求她出示身分證，而可憐的教師證並沒有任何優惠。

六個小時後我們抵達了下雨崩村（海拔三千零五十公尺）。若從西當線進入雨崩會先到上雨崩村（海拔三千一百五十公尺）。上、下雨崩村之間有著半小時的路程。二〇一二年的雨崩共有兩家國際青年旅館，上、下雨崩各一家，下雨崩的青年旅館是雪色浪漫，上雨崩是有著「上有天堂，下有雨崩」石碑的梅朵客棧。而整個雨崩也不過五十多戶人家。

下雨崩村位在山谷，上雨崩村立於山腰之中。雨崩居民皆為藏族，建築多是木頭或石

下雨崩村

下雨崩村的民宿

頭搭蓋的低矮樓房。藏人喜歡把牆面塗成白色，溫暖的橘黃木窗與白牆，使得被眾山與森林包圍的雨崩村如被綠葉襯托的花朵，格外醒目。

一條石砌小路貫穿下雨崩村的中心，四處遊走的雞、豬與往來送貨的驢馬把下雨積了水的小路弄得更加泥濘。收割的青稞一束束地掛在屋簷下，一老人坐在窗口看著遠方發呆。

我們這些外來者先是被雨崩寧靜的氣氛所震懾，不久因天氣轉晴而露臉的神女峰更是瞬間征服了我們。從雪色浪漫青年旅館往梅里雪山望去的景象毫無疑問就是一幅仙境的畫面。

一間歷史悠久的白色佛寺以守護的姿態立於在村口，佛寺的周遭綠草如茵，五色經幡在空中翻飛。寺廟過後先是濃郁的林海，再往上就是雄偉的梅里雪山。風一吹，雲一走，位在雨崩村正前方的神女峰就探出頭來。神女峰上的積雪如披掛在她身上的銀髮，在陽光的照射之下發出金光。那一刻若有人問我雨崩是不是真正的香格里拉？我會說是，雨崩就是被遺忘的香格里拉，雲南最後的一塊淨土。

梅里雪山就在雨崩村的正前方

神女峰

08 在神瀑裡跟彩虹賽跑

神瀑是卡瓦博格內轉經中最重要的聖地，它位於卡瓦博格南峰。相傳神瀑的水是卡瓦博格尊神從天上取回來的聖水，曾獲得十萬八千佛的加持，具有占卜與消災的功能，沐浴其中可滌淨業障昇華靈魂。

因此藏民轉山必到神瀑下順時鐘繞三圈，且不管多寒冷朝聖者出水後都不會主動把身上的水珠擦乾，而是靜待陽光蒸發以享最大福澤。

下雨崩村距離神瀑只有五公里，來回約四小時，是前往神瀑徒步的最佳據點。雨崩的第二天我們輕裝出發。出了村子不久又見雨崩河，在那裡它的河床更為平坦。雨崩河充足的水氣，讓它四周的岩石與林木都長出了一層鮮嫩的苔蘚，仿如仙境。

神瀑對藏人的重要性，從路上五色經幡的數量可輕易地感受到。進入森林後，五色經幡沿路交叉懸掛在林中如歡迎的彩旗。正往神瀑而去的朝聖者像是被熱烈迎入樂土，而

卡瓦博格內轉山最重要的聖地，神瀑

覆蓋了鮮綠苔蘚的森林

五色經幡是通往神瀑的指標

瑪尼堆

從神瀑出來的人則像在歡慶功德圓滿。

靜謐的森林與層層經幡交織出的神聖氛圍，讓沒有特別宗教信仰的我也不禁胸口熱了起來，如沐浴佛光。不久，當我們再看到散佈在河床上成千上百的瑪尼堆時，我們已經找不到形容詞了。

形狀各異的瑪尼堆如每人不同的願望，散佈在岸邊的枯枝上，或立在巨石上，有的像是要挑戰堆疊的極限，以上大下小，上重下輕的奇妙平衡站立著。

曉遊姊告訴我們疊瑪尼堆的規則是家裡有幾個人就疊幾塊石頭。我堆了平凡的五塊小石頭。小四的不但講求造型還要把它安置在一根大樹幹上才過癮。

到了半路我們又遇到了前一天碰到的那群藏民。在神瀑附近過夜的他們那時已在返程的路上。再次看到他們我們十分激動，想到他們前一天老是超過我們，就不得不佩服他們的腳程，何況他們的隊伍裡有老有少。

神瀑的水氣遠遠地就以霜一般的觸手讓我們體會到它從雪山飛洩直下的威力。五色經幡的數量到了神瀑附近越加密集，無處不被覆蓋。

在擁抱神瀑之前我們決定先吃午餐。我們的午餐是西藏麵包搭配火腿腸。西藏麵包分炸和烤兩種，炸的要趁熱才好吃，冷了出油後就不如烤的來得好。烤的西藏麵包聞起來雖沒有那麼香卻更耐吃，越吃越有滋味。有經驗後，我們後來都只買烤的西藏麵包做徒步的干糧。

神瀑從垂直的斷崖上轟然而下，從山腳抬頭仰望看不到它的雪山源頭，有的僅是一面像避免世人偷窺天堂的高牆。從空中陡然落下的神瀑如一條卡瓦博格尊神贈給世人的絲製哈達，讓信徒得以藉此沾享神恩，消災解厄。

大多轉神瀑的人穿著衣服、鞋子就衝進去，出來後再讓太陽烘乾身體。儘管穿著雨衣不是那麼有誠意，不想回程渾身濕透，我還是寧可脫鞋、捲起褲管穿上雨衣再去向它致敬。

開始轉神瀑之前，曉遊姊讓我們先在神瀑前磕三個頭，說家裡有幾個人就轉幾圈。我家有五人，可才轉一圈赤腳的我就被神瀑水下尖銳的石子刺得無法繼續。進入神瀑之前我們本來擔心瀑布的水流衝擊力會太強，但實際進到裡面之後，發現比起水柱的威力，腳下的尖石更令人難以承受。

快速轉完三圈的萌萌建議我穿上他的鞋子。有了鞋子的保護後我才有心思關注瀑布內的景象，看到了神聖的瀑布彩虹。神瀑的彩虹出現在約膝蓋的位置，你走它也跟著走像在賽跑。不論神瀑是否神聖，也不管瀑布的上方是否真住著神佛，在神瀑裡看到彩虹的人無不笑容滿面地走了出來。

當我們完成了轉神瀑的儀式在太陽下等著烘乾身體時，我們看到一些藏民抱著小孩進入神瀑。意外的是被劇烈水流衝擊的小孩不但沒哭反到笑嘻嘻。看到一旁剛從神瀑出來的小女孩和小男孩抖著身體，我們拿了兩顆巧克力給他們。

神瀑就在這美如天堂的山谷盡頭

若問為什麼一定要轉神瀑，我想那是一種感動。對我來說這世上是有神的，祂可以透過任何形態，不同的宗教向世人展示祂的存在。神對我來說是一股力量，我不知道會在何時何地碰到祂，有可能祂就是神瀑裡的那道彩虹，又或一朵開在雨崩村的野花。祂的形態是什麼不重要，重要的是祂在那裡。

因此，儘管我沒有信仰藏傳佛教，我還是疊了瑪尼堆，被大量的經幡所震撼，不由自主地衝進了神瀑裡。那股驅使我那樣做的力量，與其說是因為卡瓦博格的偉大神力，不如說是藏民的虔誠感動了我。我是在那群風塵僕僕千里而來轉山的藏民裡看見神的，神瀑因他們而神聖。

轉完神瀑，在曬太陽的藏族小孩

09

冰湖與冰川的二重奏

冰湖是雨崩的第二聖地，也是雨崩村的水源，有梅里雪山的心臟之稱。海拔將近四千公尺的冰湖，從上雨崩村的來回距離為十五公里，徒步時間約六至七小時。

從神瀑回來後，我們就搬到了上雨崩村的梅朵客棧，為隔天的冰湖徒步做準備。跟神瀑相比，前往冰湖的路難很多。除了得翻越一座山頭，最大的挑戰就是得在茂密的森林裡往上爬。

長時間在森林裡徒步是一件挑戰意志的事，放眼望去四面都一樣，抬頭是看不到頂的樹梢，腳下踩的是軟爛的枯枝腐葉。風吹不進來，陽光稀疏，若沒有隊友很容易心慌。

往冰湖的路最大的亮點是笑農大本營，幾間簡陋的小木屋座落在平坦的草原之上，屋後雪山在雲端閃閃發亮，積雪化成瀑布落下，森林就在一旁。

雨崩第二聖地，冰湖

笑農大本營

去冰湖得穿越重重森林

但這個現今成為徒步者休憩站的地方卻有著一段傷心的歷史。一九九一年，中國跟日本組成的中日登山隊，為了攻頂卡瓦博格峰建立了笑農大本營。不幸的是山難造成了十七名登山隊員死亡。後來，考慮到卡瓦博格峰對藏民的重要意義，二〇〇一年中國立法規定不再允許攀登卡瓦博格，藏人的聖山才得以繼續保持它的神祕面貌。

經過了笑農大本營後，往冰湖的路雖然變得開闊卻沒有因此比較容易，後半段路滿是碎石子。不過那也是段最美的路，沿途高山野花競相綻放，雪山就在眼前。可惜那樣美的一段路，李楊卻出現了肚子不適。吃過藥後他叫我們先行，說他可能得去拉肚子。

我們第一眼看到冰湖時心想「幹！這是啥小？」有種被唬弄了的感覺。想不通爬了那麼久的山，怎麼迎來的卻是一個灰綠色的小湖？

對冰湖的過度期待與現實景象的落差癱瘓了我們最後一絲的意志，我們累得躺在石頭上一動也不想動。

在冰湖上方山頭的觀景點上，望著底下的冰湖我們都有一股不甘心，難道就這樣？休息一陣子後我們決定下到冰湖探險。到了湖邊才發現最值得一看的不是冰湖本身而是冰湖的源頭，距離它不到五十公尺的冰川。

冰川上方的雪融成水後以瀑布的姿態落下，到將近地面時卻躲進了溶洞裡，再從面對冰湖的巨大開口裡嘩啦嘩啦地流出來。喇叭狀的冰川開口像隻張嘴的巨龍，融化的雪水從龍口不斷流出，如一頭餓壞肚子滿嘴唾液的龍。我們斗膽進入龍口，觸摸龍齒般的殘冰感受它的冷酷與鋒銳。

我們自冰川出來時天氣已轉晴，起初看起來沒什麼精神的冰湖反射了藍天的光影後也變得妖嬈了起來。萌萌拿著自己和李楊的水壺說要去裝冰湖的聖水來喝，哪知走到一半一個水壺就掉到了水裡。當他想要撈回時，水壺早已飄到了觸不到的角落。

「我的水壺呢？」萌萌回來後李楊問他。

萌萌不敢直言。

「說！到底在哪？」李楊逼問。

「在，在冰湖裡面。」萌萌怯怯地說。

「什麼？」李楊已經不耐。

冰湖前的冰川

「掉到冰湖裡了啦！」萌萌抵擋不住只好大聲說出真相。

「你說什麼！」李楊不敢相信。

沒辦法萌萌只好帶李楊到冰湖邊親自察看。李楊去到冰湖旁時僅看到他的水壺像個迷了路的小孩孤零零地在湖裡飄蕩著。那水壺所在的距離說近也還近不到可以撈得到的位置，但說遠又遠不到湖中心。

冰湖不大我們想水壺總會由湖的另一個出口流出來，不如在另一端等著它。哪知由於湖裡水流的關係，水壺幾乎一直都在同一個地方打轉。眼看取回水壺無望李楊就問萌萌是不是跟他有仇？不然怎麼自己的水壺沒掉，偏偏掉了他的。

悠哉在森林中煮茶的德國背包客

「我不是故意的嘛，一不小心就掉了呀！」萌萌一臉無辜。

往冰湖的路上，我們曾遇到一位粗獷的德國男生悠閒地在林中拿出小瓦斯爐煮茶給他人喝。待我們抵達冰湖不久，他也來到了湖邊並走進了冰川裡。十幾分鐘後他舉著雙手逃難似地從冰川裡飛奔出來，害我們以為發生了什麼大事。哪知他來到冰湖附近竟「beautiful, beautiful! beautiful!」地大叫，說實在太美了請我們務必得幫他拍張照。

跟虎跳峽相比，雨崩的知名度在外國背包客當中比較低，加上地理位置偏遠，外國旅客並不常見。可在中國背包客裡，雨崩的名氣遠勝於虎跳峽。對我來說，兩個地方都各有特色。虎跳峽有著難得的壯麗峽谷，雨崩除了可以近距離一窺雪山，還能切身體驗藏族的轉山文化。

回到冰湖上的觀景點時，我們碰到了一對剛抵達那裡的中國夫妻。游刃有餘的老婆對老公說：「哼！有人說四十歲以上不要來冰湖！我五十歲都來了，看來以後記錄要改寫囉！」

老實說，她保養得非常好看不出有五十歲。但倘若連五十歲的阿姨都能征服冰湖，那麼

冰川彷如潔白的大理石

還有誰不能？很多人進入雨崩，或去冰湖都想要騎上一段馬，事實上徒步雨崩並沒有那麼難，不然當時完全沒有經驗的我也不可能靠雙腳走完全程了。徒步，有時候靠的不僅是體力，更多時候依賴的是一個人的毅力。

我們從冰湖回到上雨崩村時，天氣變得更加晴朗。寶藍色的天空掛滿了棉花般的白雲。灑在山谷的光線照亮了森林，馬群三三兩兩地在路旁吃草，待收割的青稞田金黃閃耀，剛吐出酒紅花穗的玉米青綠動人。雨崩村民在田中，或家旁忙碌著。

我們貪婪地想要將眼前的景象牢牢記住，就怕這彷如書中描述的香格里拉轉眼就消失。

回到上雨崩村

我們的雨崩徒步小隊

10 告別雨崩

八月的雨崩四周林木蓊鬱，遠端雪山巍巍。村口，經幡隨風飄蕩，馬兒遊走吃草，映照了藍天的池水美得如寶石，等著收割的青稞黃橙橙一片。這個比起中甸更接近理想中的香格里拉的藏族小村落，隨著徒步人數的劇增，也不得不走向現代化。

二〇〇五年雨崩開始有了自來水，二〇一二年那裡通了電。隨著知名度的增加，除了兩間國際青年旅館，其他類型的客棧也不斷地冒出。僅能靠徒步跟驢馬進入的天堂祕境隨著柏油路的延伸，原本的生活型態正受到巨大的衝擊。

毫無疑問，雨崩村、神瀑、冰湖與梅里雪山的美輕易地就征服了所有的旅客。但旅客帶給這些地方的東西，除了足跡還有垃圾。跟西當線相比，走尼農線的人比較少，但令人遺憾的是沿途我們還是看到了許多垃圾。

那樣的情況在冰湖觀景點的山丘上達到了極致。塑膠袋、寶特瓶、各式各樣的零食包

雨崩是雲南最後一個通電的地方

馬是雨崩最常見到的動物

金黃的青稞田

上雨崩村

裝袋與用過的氧氣瓶堆滿了山頭。這個世界不缺香格里拉，缺的是呵護香格里拉的心。

一個美麗的地方應該讓它永遠美麗下去，那樣世世代代的旅人才能擁有同樣的體驗。我希望後來者在雨崩也可以看到日照金光的神女峰，看到清澈的冰湖，看到在草地上盡情奔跑的馬兒與璀璨的星空。我告訴大禹，我會重回雨崩就只有一種可能，那就是為了撿垃圾而去。

在雨崩的最後一晚，大家一起圍著火爐聊天時，萌萌說他明年要徒步去西藏，又說最好幾個人一起出發，那樣就可以分配攜帶的物品。

「帶個可填充的瓦斯桶去，餓了就可以半

雨崩的每個角落都美得有如天堂

路煮東西來吃。」不知哪來的突發奇想他說。

「帶個瓦斯桶！我看還沒出發你就被抓了起來！還談什麼純徒步去西藏！」大禹不客氣地回擊之餘還哈哈大笑了幾聲。

萌萌看情勢不妙趕緊開始解釋起事情怎樣可行，說帶滅火器一樣大小的瓦斯桶就可以了。可惜大家都不領情笑他天真。儘管如此，他還是不絕地述說著自以為萬無一失的計劃。這就是我喜歡萌萌的地方，不管其他人怎麼想，他對自己堅信的東西都不輕易動搖。就像從冰湖回雨崩的路上，他徒手爬上半空的樹幹，無厘頭卻也讓人佩服。

話風一轉，大家關心起大禹的失戀故事來，

追問他每天都祕密寫了一兩個小時的日記是什麼內容？大禹不肯講，大家只好又轉回話題人物萌萌身上，逼問他：「你不是說寫了七萬字的愛情故事？說來聽聽吧。」哪知，平時什麼話都肯說的萌萌，對他那七萬字的愛情故事卻守口如瓶，一絲細節都不肯透露。

雨崩的三大聖地，我們去了神瀑與冰湖就決定出雨崩。至於另一個聖地，海拔四千四百公尺的神湖，我們打算等到下一次準備充足後再去朝聖。聽說神湖得請嚮導同行，來回平均要十二小時，得準備帳篷睡袋過夜。距離加上難度使得神湖蒙上了一層神祕的面紗，也被稱為雨崩最美的地方。

不想走回頭路，我們選擇了從西當線離開雨崩。然而，那卻是個錯誤的決定，看過了雨崩最美的部份之後，西當線單調的上下坡與針葉林讓我們感到無聊。徒步雨崩的最佳順序應為，西當線進，尼農線出，先苦後甘，先單調後豐富。

到了西當，我們詢問回飛來寺的車時，發現所有的車都被一群人給掌控，價錢僅能由他們所訂無法議價。他們還跟其他司機協議，除了他們的車，外面的車皆不可開到西當山腳載人。問回去多少錢？他們漫天喊價。一氣之下我們決定徒步回去。

西當線上小賣部的小孩

上雨崩村的日照金山

走了十多分鐘後，小四開始聯絡當初載我們到尼農的司機，司機說他不能到西當山腳，但若我們走到那群西當司機看不到的地方，他便可偷偷來載我們。可我們才走沒多久從西當的方向就有一台車跟了過來。

曉遊姊說那時間從雨崩出來的就我們這一隊人馬，若不載我們，他們那天也就白等在那裡了。果然對方把車開到我們身邊後就叫我們上車，價格是我們起初想要跟他們談的那個價碼。回飛來寺的路並不順暢，中途遇到山崩修路，耽擱了許久。

一反當初的細雨濛濛，飛來寺以耀眼的陽光歡迎我們返回。離開了四天再看到非凡時他剃了個近光頭的短髮。阿怪和阿修已各自去了西藏。

雨崩徒步結束的隔天，我跟大禹告別了我們的徒步小隊後就搭車返回麗江。在麗江住一晚後，我們回到了大理。

對我來說，那時我在雲南的長住才開始。但對大禹來說，他已到了旅途的尾聲。

繼雨濛之後，大禹是跟我一同旅行最久的人。他雖無法像雨濛一樣照顧我，反而是我得在雨崩照顧生病的他。但他是個貼心的人，不管是徒步虎跳峽還是雨崩，他都多次提出要幫我分擔行李的重量。就連我們在大理要分別了，他還提議請我吃飯。儘管，我們的政治認知有著極大的落差，總歸來說，他是一個品性非常好的大學生，我很高興能與他同行。

隔了一個月再回到大理，我的心境已經完全不同。這次我將不再只是匆匆路過，而是要成為在大理安定下來的長住客。只不過，我沒想到這個中國最嬉皮的地方，竟會改變我的一生，讓我成為旅行上癮者，中了當背包客的毒。

天空的倒影

雨崩一景

11 飛葉子

「一、二、三，我就到了天堂。」日本人達也一臉陶醉地向我描述大麻的魔力。

從飛來寺回到大理古城後，我選擇了在麗江認識的莉莉所經營的莉莉小苑作為我在大理長住的據點。雲南轉了大半圈，我發現還是安靜的大理古城最宜生活。只不過，那次的長住經驗完全翻轉了我先前對大理的印象。而這一切都得就從我的日本室友達也講起。

入住莉莉小苑的那天，我發現隔壁的下鋪有一本寫著斗大漢字的《中國自助游》，出自先入為主，我認定我會有一位中國室友。於是等我看到高高瘦瘦頂著一顆爆炸頭的達也出現時，我自顧自地就對他講起了中文，直到遲遲等不到回覆，我才領悟到他根本聽不懂。

當我問他為什麼會到大理時，他說大理是他的第二故鄉，已是第二次到大理的他還準備來第三次。到底大理有什麼能夠如此吸引一位日本青年？除了氣候好、食物美味，物價便宜，他說最重要的是大理有隨手可得的野生大麻。說完他還從口袋裡掏出一根大麻給我看。

「蒼山的叢林草野間，一直亂長著遍地的野生麻葉。當地人取其麻籽榨油，拌菜有奇香。而那些外來客，便採其枝葉揉碎取樂，以片刻貪歡地體驗那幻覺的飛翔。」作家野夫如此描述大理的大麻盛況。

來自北京的室友丞告訴我在大理大麻又稱飛葉子。我認為飛葉子這名字取得貼切，完全呼應了野夫所說的大麻所帶來的飛翔幻覺。一個夜黑風高的夜晚，達也神祕兮兮地說要帶我跟丞去看一樣東西。我們跟著他在大理古城的巷子裡東拐西轉，最後在一棵超過兩公尺高的大麻樹前停了下來。他以看到戀人般的神情撫著大麻樹的葉子向我們描述發現它時他的興奮。

看過大麻樹後，他走到路旁的一張石凳拿出處理好的大麻與我們分享。可惜我們兩個俗人不像他抽一口倒數三秒後就能到天堂。丞抽了大半根仍留在地面，只試一口的我更是無感。我懷疑他的大麻有問題，便問他是買來的還是自製，他說是自製品，強調快的話一個小時就能做出來。既然如此，或許只能怪我跟丞的大腦遠不如他的來得靈敏了。

我沒想到沉迷於大麻的達也還是個文青。莉莉告訴我她到頂樓曬衣服時，常會被不辭辛勞把椅子搬到頂樓躲在角落裡看書的他給嚇到。又說他不但熱愛韓波的詩，自己也寫詩。不止寫詩，他還會法文，為此我送了他法文版《追憶似水年華》的第一卷《在斯萬家那邊》。

達也的大麻在我們的身上起不了作用這點一直縈繞在我心頭，因而，當莉莉小苑出現了一位荷蘭客人時，我便忍不住問他一般抽的大麻用的都是什麼部位製作？他回種子跟花。我就猜想達也定是用了葉子，否則我們也不會上不了天堂。大麻花季有限，種子珍貴無法隨時供應，唯葉子隨手可取。大麻分公樹母樹，其中母的又比公的好，公樹八月多開花，母樹十月才見花開。那棵達也帶我們去看的巨無霸大麻屬於公樹。

等我跟莉莉講我們去看大麻樹之事時，她卻說大麻樹而已沒什麼，她的院子裡就有一棵。又說本來還有另外一顆的，只不過一次被到客棧巡邏的警察看到給拔掉了。只是，一棵才去一棵又來。我問她兩棵大麻樹都是野生的嗎？她回沒錯。她笑說曾有客人看到院子的大麻樹後，以為她不知道那是什麼東西興奮地帶她去看。我可以理解常人看到院子裡出現一顆大麻樹的激動，沒有人會把它明目張膽地種在旅館裡。

我們不知道的是大理本身就是一個天然的大麻農場。不然怎麼會有一晚我跟朋友去壞猴子酒吧（Bad Monkey）喝酒時，有服務生來問我們要不要跟他們的一位外國掌櫃去山中採集飛葉子的事件發生。儘管大理的山頭有著滿山滿谷的飛葉子很可能是真的，但在大理乃至整個中國，大麻仍屬毒品，被抓到還是會被關。那也是為什麼大家都悄悄地說飛葉子而不直呼大麻。

莉莉小苑的大麻樹

二〇一二年的大理古城就像六零年代的加德滿都有著一個嬉皮據點應有的一切，吸引了無數像達也那樣的飛葉子愛好者。這些飛葉子的癮君子們常有著不羈的外表與感性的心。認識達也讓我發現了大理的另一面。第一次路過大理時我僅待了四晚，身為超級菜鳥背包客的我，那時連走到人民路的下段都不敢，看到人民路上低矮歪斜又長滿了雜草的屋頂心都涼了，以為將要踏進什麼蠻荒之地，嚇得趕緊撤退。

然而，也不過一個月之後，我就住到了人民路下段院子裡長了棵大麻的青年旅館裡，一切都是那樣地出乎意料。就像達也在大理的最後一晚，入睡前當我經過院子站在漆黑中的他跟我告白時一樣。

「文捷，是妳嗎？」他問。

「是我。」我回。

「我愛妳。」

「我也愛你。」

大理古城人民路

大理古城的城牆

12 遇見百分之百的女孩

The 100% boy for you will be right at the corner.

這是我的室友丞離開大理之前，在他送給我的那本村上春樹的《遇到百分之百的女孩》所題的話。

丞跟我還有來自美國的莫札特因一對北京中年夫妻的請客而熟識。那對中年夫妻宣稱大理讓他們太開心了得好好樂一樂，又獨樂樂不如眾樂樂，就拿出了一筆錢叫莉莉籌辦一桌宴席請客棧所有的人參加。幾杯大理風花雪月啤酒下肚後，那晚我們的三人團就此成形，爾後我們便以三人的組合在大理四處出沒。

可惜所有的三人行注定都會走向破局，我們也不例外，而那讓我們失衡的事件發生得非常突然。本來都住在莉莉小苑的我們仨，一天因莫札特對一個在駝峰青年旅館工作的女孩產生好感，並打算去那裡教瑜伽換宿而改變。

遇到百分之百的女孩

莫札特搬去駝峰的那天，丞跟我決定追隨他到駝峰去體驗一晚。身為大理古城內最具特色的青旅，駝峰不但設有國際藝術交流中心，還有留下一件作品即可免費住宿的友善條列。牆上滿是精彩塗鴉的駝峰每晚都會在中庭升起營火，三不五時就有音樂、詩歌表演。對秉著考察青年旅館才到雲南的我來說，大理外國背包客聚集地的駝峰無疑就是一個典範。

尤其在參觀過他們的十二人混合房後，我簡直對它肅然起敬。若說海地生活提供的是一種避世的慢生活，那麼駝峰所營造的就是一種充滿創造力的氛圍。駝峰的混合十二人房走 Loft 風，三層床位的主架構以黑鋼搭建，在冷酷鋼架的最上層神來一筆，配了有屋頂的榻榻米如在鐵樹上蓋小木屋。

莫札特、丞跟我是在大理的死黨

幻想著三人能夠平行睡在十二人房讓我們像去郊遊的小學生一樣興奮。可悲劇總在不經意發生，忘了帶護照的我儘管請了櫃檯幫我保留床位，但晚上我們辦理入住時卻還是被告知十二人房僅剩兩個床位，我得去住女生房。對我來說住駝峰的女生房還不如回原本已付清房費的客棧睡。於是，最後就成了丞與莫札特留在駝峰，我回莉莉小苑的局面。

那個晚上當我們玩牌玩到一個段落，在我準備回莉莉小苑睡覺，丞提議陪我走回去，莫札特卻脫口而出我可以自己一個人走時，裂痕就已經在我們三人之中出現。本來丞跟莫札特對我來說都站在同樣的位置，但自那晚丞陪我走了一段夜半古城安靜的青石板路後，我跟他的距離就縮短了。

不過，那是個特別長的夜晚，事情並沒有在我入睡後就落幕。本該住在駝峰十二人房的莫札特在凌晨兩點未告知任何人的情況下，一個人拖著行李箱喀啦喀啦地就返回了莉莉小苑。當我知道那件事時已是隔天的早上了。丞更慘，到我去駝峰叫醒他之前他都還不知道發生了什麼事。我問莫札特為什麼已經答應了駝峰要教瑜伽卻爽約？他說駝峰太吵了，睡不著。自那之後，我們的三人行就日益減少。

丞的夢想是當街頭藝人在世界各地表演

第一天穿著滾石合唱團標記 T-shirt 出現在大理的丞是個搖滾樂迷有著在世界各地當街頭藝人的夢想。一次他在駝峰的後花園彈吉他時，我問他若有一天我碰到在街頭表演的他是否要投錢？「不用，給我買一塊起士蛋糕就好。」他回。

莉莉說過丞是一個貼心的人，教養也好。當我聽到他選擇起士蛋糕時，我也有那樣的體會，起士蛋糕只不過是先前我們三人之間的一件小事，他卻把它放到了心裡，讓我的心出現了動搖。

關於起士蛋糕的故事是這樣的，有一陣子莫札特、丞還有我在大理古城玩起了一間餐廳一道料理的遊戲。我們去每間餐廳都只點一道菜並在那裡玩撲克牌或五子棋。一天，我們去到了一間起士蛋糕極其難吃的咖啡廳，玩五子棋時我就宣告輸給我的人得請我吃美味的起士蛋糕，難吃的不算數。

莫札特那天運氣不佳成了得請我吃蛋糕的人。起士蛋糕是我最愛的甜點，為了要找到讓我滿意的起士蛋糕我們吃遍了古城內所有的咖啡店，最後好不容易才在 The Sweet Tooth 找到了綿密又濃郁的起士蛋糕。

頂了一顆莫西干頭的丞說是為了與大理相稱離開北京前他才特地換了髮型。剛好在轉職空檔的他問朋友哪裡是中國最酷的地方時？他朋友給了他大理這個答案。到了大理之後，看到許多長髮飄逸或綁著道士頭的男性長住客們一身功夫裝、功夫鞋地從街上悠晃而過時，他也興起了化身為大理江湖人士的念頭。

一天我們去到了跟他媽媽同名的艷萍古裝店，他看中了一件灰色的功夫上衣卻沒有買。在他離開大理前，我去把它買了下來當作他的送別禮。收到我的禮物之後，當天他就去新開的海豚阿德書店買了村上春樹的《遇到百分之百的女孩》作為回禮。當我打開書時，首先印入眼簾的就是他寫的那句：

The 100% boy for you will be right at the corner.

儘管去大理前我曾在台灣唯一的法國書店工作了兩年，我也聽過《遇到百分之百的女孩》這個書名，但我並沒有讀過那個故事。丞送給我的《遇到百分之百的女孩》是一本共收錄了村上春樹十八篇短篇小說的文集，其中一篇的標題就叫〈遇到百分之百的女孩〉。

〈遇到百分之百的女孩〉講的是一個三十二歲的男人在路上遇到一個百分之百的女孩

卻不知道如何開口搭訕而錯過，事後才想到當初該怎麼跟她搭話的故事。而他想到的搭訕方式就是講一個關於百分之百的女孩與男孩的故事。在他的搭訕故事裡，那對百分之百的男女很快地就認出了彼此，但兩人覺得幸福來得太易顯得不實，就約定若下次相見兩人還是認為彼此就是對方的百分百的話就馬上結婚。可命運作弄人，一年兩人都因染上了疾病而失憶，等他們再見面時早已認不出彼此就是那個對的人，於是只能擦肩而過的傷心故事。

有些人注定會跟你走上不同的道路，丞跟我就是那樣

丞離開了大理之後，當我跟他說我讀完了整本書時他問我最喜歡哪一篇？我說跟他一樣也是〈遇到百分之百的女孩〉。不過關於那篇我有一個疑問，那就是：

「既然搭訕故事裡的男女都是彼此的百分之百的男孩和女孩，那麼縱然他們曾經失憶，後來再相遇照理說應該也還是會感知到彼此就是對方的百分之百男孩或女孩，那樣才叫百分之百不是嗎？」

「如果百分之百又之後都快樂地生活在一起不就變成無趣的迪士尼動畫結局了？遺憾，缺陷也是完美二字的重要成分吧，大概。」丞說。

從〈遇到百分之百的女孩〉這個故事裡，我了解到了一件事，那就是對於村上春樹的書丞跟我有著非常不同的理解。當他說《挪威的森林》對他來說就像空氣一樣重要的存在時，在大學也讀過那本書的我卻連它在講什麼都已記不太起來。為此我還特別跑去海豚阿德書店買了本簡體版的《挪威的森林》再讀一次。可就像去大理之前我看了陳英雄改編的《挪威的森林》電影版後一樣，我還是無法在裡面找到共鳴。

一直以來我都自認缺少一種詩意的敏感，而那揣測再度被《挪威的森林》所證實。

我問丞喜歡《挪威的森林》哪一個版本？他說偏好林少華翻譯的簡體版。理由是繁體版男主角渡邊的敘述口吻像回到了大學時代，給人一個二十歲的男孩在說話的感覺。而簡體版的渡邊更像是以他在飛機上的年齡在回憶過往。另一個更簡單的理由就只是他習慣了簡體版而已。

丞還在大理的時候，由於我們大多都跟莫札特三人同行，因此我們之間並沒有什麼曖昧的空間。反而是他離開了之後，我們才有了朋友以上戀人未滿的情境。但終究時間太短，只來得及產生好感，來不及醞釀愛情。可二〇一二年還是菜鳥背包客的我不懂，不知道旅行中的愛情都來去匆匆，且大多注定以失敗收場。

那時的我才剛滿二十六歲，還會因丞認為將來我們見不見面都沒關係而生氣。記得他是這麼說的：

「我越來越相信人與人見面是有原因的，我們的相識讓彼此的大理記憶更加美好，不是個力證嗎？所以也許都沒機會再見面那又有什麼關係。妳在我心目中都會是一個特殊的存在。下次踏入大理人民路的時候，和大家擺攤、喝酒、玩牌的記憶一定會瞬間閃現。而我很確定那會讓我不由自主地露出笑容。」

當年的我不懂，經過了七年的旅行之後，已經成為背包老手的我今天總算可以理解，原來有些人注定就是用來錯過，有些人只能在回憶裡找尋。每一趟旅行都伴隨著開始與結束，相識與分離，旅行跟人生一樣不管悲歡離合，都只會不停地往前走。我們不能永遠地跟某人在一起，就像旅行若永遠都待在某地，就不再叫旅行一樣。

丞不知道的是我並不喜歡完美，也不需要百分之百的男孩。若百分之百的男孩都像書中的一樣最終是用來錯過的，那我寧可不要他那麼完美。

可丞就是那個我注定用來錯過的百分之百的男孩，關於他的回憶就像走在大理青石板路上所發出的聲音，偶爾會在我的腦海裡迴響。

那年我們一起看的洱海

13 莫札特

莫札特是來自拉斯維加斯的美國人。喜歡古典音樂的他起初只是把莫札特設為信箱的地址，到中國旅行後因大家都記不起來他的本名，才取了莫札特這綽號。

在中國旅行了半年後，莫札特已深諳殺價這項中國人的技藝。為了展現他精湛的殺價功力，一天他帶我上街假裝買東西，在大理古城一個賣銀飾的小攤販前把一個手環從一百元人民幣殺到二十元還不買轉身就離開。攤販老闆娘望著他越走越遠的身影在後面大喊，「不然十五元賣你？」可殺價就只是莫札特的娛樂，他怎會回頭買。

莫札特告訴我他用了一種自己研發的乳霜再加上少曬太陽、吃素、不菸不酒、瑜伽及冥想才達到了外表比實際年齡年輕的效果。大理古城四方街超市裡的一個大嬸還以為四十六歲的他不過才三十五歲。我問他乳霜的成份是什麼但他拒絕告訴我。只說儘管他的前妻也知道祕方卻從未想過要使用，原因是太噁心了。

莫札特

莫札特告訴丞，他因第一任妻子假裝懷孕才娶了她。他還有過一個五十八歲看起來卻只有三十幾歲的菲律賓女友。至於他老是提到即將要到中國的前妻，我則是根本搞不清楚她到底是他的第幾任前妻。他還提過他正在研發一種取代保險套的東西，當我問他那到底是什麼時，是祕密他說。

莫札特與丞是我剛回大理長住時最常跟我一起行動的兩個人，我們不但一起出入大理的周遭，還意外地都使用同一款傳統 Nokia 3310 手機。莫札特最初的那隻 Nokia 3310 是他在墨西哥所買，到了中國後在他月傳四百封簡訊給不同女孩的操勞下，他的手機陸續出現了問題，他只好換一隻新的。

剛到雲南時我本來用的是一隻中華電信的零元手機，但在香格里拉時那隻手機掉了。再回到大理古城後我才

Sun Island 酒吧

買了一隻 Nokia 3310。丞用的本來是 Sony 的智慧型手機，但從巍山回大理的公車上他的手機莫名地不見了，不得已只好也加入我們的 Nokia 3310 行列。同一支手機最先買的我花了一百五十人民幣，莫札特跟丞都只花了一百元。

莫札特說他是這樣的一個人，外表是個 gay，內心是個蕾絲邊。他認為不管在衣服上還是其他方面 gay 都有比較好的品味。他不介意像個 gay，甚至喜歡別人認為他是個 gay。他熱愛撐著巨大的彩虹傘出門，不論晴天雨天。

一晚我們三人去壞猴子酒吧喝酒。晚到的莫札特才坐下不久，號稱不喝酒、不抽菸的他手裡就出現了菸酒。發現他沒喝過一口酒，也始終沒點燃過嘴邊的菸後我就問他不抽不喝為什麼要買？他說那不是他買的是別人請的。誰請的客我們問？莫札特指了我們斜前方的那桌人。

「若我沒看錯他們整桌都是男的吧！」丞說。

「他們肯定以為你是 gay 對吧。」我說。

莫札特點點頭，把獲得的兩根菸各自叼在嘴角的兩邊，隨著音樂搖頭晃腦舞動身體。要不把他誤認成同性戀還真難。

儘管莫札特喜穿合身的衣服，行為舉止也散發著模稜兩可的戀愛傾向，但那完全不影響他在大理的獵艷成果。在他的眾多女友中，一個住在駝峰青年旅館叫艾琳的女孩讓人最難忘。

艾琳來自江西景德鎮是位陶瓷藝術家，自認識了莫札特後就老愛往我們住的莉莉小苑跑。時常莫札特都還沒起床她就已經出現，或儘管起床了他也只顧著練瑜伽，兩人見了面完全不打招呼。艾琳就只是安靜地坐在院子裡，起初擔心她無聊我們還陪她聊天、畫畫。不過幾次下來我們都吃不消只好放她自生自滅。

艾琳跟莫札特的關係讓我們一頭霧水，一天我跟莫札特要去吃午餐，問她要不要一起加入。她說已經吃飽，於是我們只好自行出門讓她一人留在客棧。而一出門我們就去了一整個下午，中間我不忍她獨自在客棧裡等我們，便問莫札特要不要先回去一趟？「她是個大人了，自己知道該怎麼做，若她要找我她大可發簡訊給我。」莫札特毫不在乎地說。

傍晚我們回到客棧時，發現艾琳依舊沉浸在大廳的電腦裡。我問莫札特她到底來我們客棧做什麼？莫札特說也許是駝峰的網路太慢。但瞎了眼的人都知道她是為他而來。

又一天艾琳、莫札特和我一同出門逛街，艾琳對路過的每一間服飾店都有興致一逛。相對地莫札特對每一間店都不感興趣，當她在店裡逛時，莫札特跟我就在外面發呆。中途他們倆又極少交談，不久我便受不了先離開，天底下還有什麼比跟他們兩人逛街更無聊的？

若逛街只出現一兩次也就罷，偏偏莫札特跟她像是只能從事逛街這項活動一樣。那時已在大理住了一個月的我不禁懷疑大理是否還有什麼是我不知道的？不然，他們怎麼可以逛那麼久？

古人說守得雲開見月明，經過幾天的不離不棄，艾琳終於在莫札特離開大理前得到了回應。莫札特在大理的最後一天，他跟我說艾琳要搬來我們客棧。我以爲他指的是她要搬來長住，可她就只是為了跟他告別才過來住一晚。

當晚我們去壞猴子酒吧給莫札特送行，但待沒多久莫札特就嫌無聊要換地方。可我們不想，他們兩人就先行離開了。回到客棧後想起買給莫札特的送別禮還沒給他，我跟朋友便把禮物拿上他住的二樓，到了他的門前才發現他已暗燈。就在我們思索著是

否要敲門時，莉莉的大嫂小莫剛好路過說他才剛睡肯定還醒者。考慮到莫札特隔天一大早就要離開，怕會錯過他我們只好硬著頭皮敲門。

很快地莫札特就開門出來，從打開的門裡我們看到艾琳正躺在他的床上。我們想該不會正好打斷了他們的好事？可莫札特表現得非常穩健，我們也只好若無其事地把禮物送給他。他也回送了小禮給我們。

回到我們的房間後，朋友直說要是知道艾琳也在她就不會敲門了。我告訴她我有猜到他們會住同一個房間。儘管莫札特曾宣稱他不搞一夜情並堅持跟對方發生關係之前得做檢查，可我從來都不曾把它當真過。

一夜情不是什麼新聞，何況他們都要分開了，盡情一晚也沒什麼不好。就是小莫隔天整理房間時被床單上的血跡給嚇到了。「該不會那個女的還是處女吧！」小莫說，「但不可能呀，看起來不像，她又不小了。」

艾琳三十歲出頭。她床上的血跡跟她是不是處女沒有關係，而是她生理期來了。前一晚我們去送莫札特禮物時，她跟我借了女性生理用品。

我回到台灣後不久，莫札特也來到了台灣。一起去象山看台北 101 時我就問他跟艾琳到底有沒有？

「我也是被逼的，不然她不肯讓我睡覺。」莫札特說。

活了二十幾年，我還真沒見過這麼得了便宜還賣乖的人。

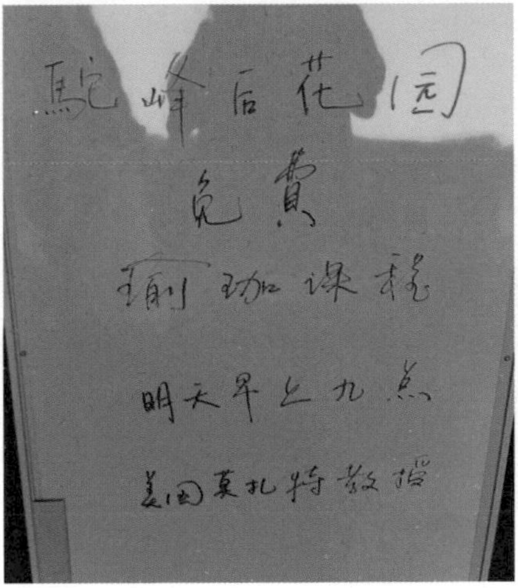

莫札特在駝峰青年旅館的瑜伽課公告

14 喬安

大理有一個說法是外來長住客的單身男女比例為1:9。

曾長住過大理的中國作家吳蘇媚在《蒼山下》她那篇〈我們都是大理幫〉的文章裡說：「混大理的，都是混圈子。我們這一圈，都是大齡單身文藝女青年——其實放眼整個大理，幾乎就是一個更大圈的大齡單身文藝女青年，似乎全中國找不到郭靖的黃蓉都跑到這兒來了，不想承受社會壓力，就甩開袖子獨自美著。」

我在大理長住的室友喬安才二十五歲雖還稱不上大齡，但她就是典型的大理文藝女青年之一。出身湖南的她，就像那些如花盛開的大理外來女子，喜歡文學，能幹又充滿熱情，懂得如何把人生過得美，活得精彩。

英文系畢業後，喬安到了上海一家韓國公司上班，工作了幾年之後，有一天她決定去做一趟長途旅行，從桂林一路玩到了大理。那次的旅行讓她對大理念念不忘，不久又去

大理的文藝女青年每個都美得跟黃蓉一樣

堅強的湖南女孩喬安

了一次。就像莫札特所說的大理會把人抓住，第二次拜訪大理的喬安，一天站在大理古城外那片青翠的田野中時也被大理給抓住了。在田埂間望著蒼山十九峰、古城的白牆青瓦，她下定了決心要留在大理，成為大理的長住客。

就像那些從中國一線城市撤退到大理的人一樣，從上海退到大理的喬安也想找個方法在遠方生存下來，經過一番評估，她認為在大理開一間客棧是最可行的方式。當我在莉莉小苑遇到她時，她正在找尋適合的白族老房子來改裝成客棧。

找到一間理想的老房子開客棧就像打一場不知何日會結束的消耗戰，為了能夠長期奮戰喬安才住進莉莉小苑的六人混合房裡。每天她的生活重心就是在古城內四處張貼找房子的廣告，跟不同領域的人聊天看看是否能獲得有人要出租房子的消息。

正因喬安的心思都在找房子這件事上，外加一開始她給我冷漠的錯覺，使得我住在大理的前段才大多跟莫札特還有丞在一起。後來我才知道她是個慢熟的人，更了解她之後才發現她比我還熱情。當我在大理興起擺地攤的念頭時，她二話不說就幫我聯絡她的朋友找貨給我賣。

一次，喬安興奮地通知我們她在洱海旁的才村看中了一個院子，又把我跟莫札特都拉去看。那是一個大到讓我跟莫札特都驚訝的地方，包含了一棟三層樓的透天厝、一間白族傳統樓房、一材房與一大庭院。喬安說那個點雖然不在古城內，但也不算遠騎個腳踏車就到了，正好鬧中取靜。社會歷練比我們深的莫札特看了一圈那個地方後，問喬安她打算自己經營還是有人可以幫忙？

喬安說她有兩個合夥人，但那兩人都只出資金不出勞力，其中一人遠在上海，一人就在古城內。莫札特說那樣的情況下，她獨自管理那麼大的地方將會非常辛苦。好不容易才找到一個適合的地方，喬安說再辛苦她都不怕。之後，我就聽到她已經跟房東談好了簽約的消息，只等著正式簽合約了。

然而，過了一陣子卻突然傳出房東不想把房子租給她的消息。我問她到底怎麼一回事，

古城的傍晚

喬安與我在人民路上

喬安的客棧一景

她回她也不清楚，好端端地房東突然就改變了心意。一直到我要離開大理，喬安簽下另一棟房子又再次被房東毀約時，我們才明白到底發生了什麼事。

簡單來說就是二〇一二年的大理正在告別過往那個物價低廉、安靜清幽與包容開放的嬉皮古城，轉向通貨膨脹、外來資金大量湧入的時代。本來純樸的白族居民被從大城市來的投資客們捧著大把大把的金錢給改變了。因此，他們才會在另一個人拿著雙倍的租金找上門時，假裝文件不齊無法簽約或找別的理由毀約。

除了前後經歷兩次房東毀約，喬安還面臨了合夥人接連離去的困境。她上海的那位合夥人說他等太久了已經沒有耐心，要把本來預計投資喬安客棧的錢挪去他處使用。另一位在大理的合夥人則是在後來喬安想要簽下另一間院子時突然退出，他嫌那個院子不好太小。可我跟喬安都喜歡那個院子。

沒有了合夥人的喬安決定乾脆自己來，好在她總算遇到了一個願意守約的房東，也終於實現了在大理開客棧的夢想，並做得有聲有色。從初識喬安到她的客棧正式營業，那一年的時間裡我看到了一個年輕女孩的韌性與不放棄的精神。年紀跟她差不多的我常自問若我是她，我能堅持下來嗎？我不敢肯定。

喬安最喜歡的作家是三毛，她總是告訴我想跟三毛一樣四處流浪，到異地生活。從上海到大理的她早已是在異地生活了，她缺的不過就是一個荷西。但在大理那樣一個美麗單身文藝女青年到處都是的古鎮，要遇到一個理想的荷西幾乎跟中樂透一樣難。

但沒有什麼是不可能的，一天一個捲髮、有著迷人笑容的以色列男孩走進大理的一家餐廳，用他的憋腳中文點了「雞蛋炒飯，少油。」後，故事就開始了。那時候跟朋友剛好也在同一家餐廳吃飯的喬安，起初還被他生嫩的中文逗得發笑。想不到點完菜後，他竟跑去跟她們坐在了同一桌。很快地這位有禮貌、尊重人與熱愛分享的以色列男孩就抓

喬安熱愛足球與網球

住了喬安的注意力。就這樣喬安找到了她的荷西。經過兩年的遠距離，雲南、以色列多次來回奔波，一天她絕然地賣掉了正蒸蒸日上的客棧，包包捆一捆就飛去了以色列定居。

初識喬安之時，我從沒想過她會成為我一輩子的好朋友。在路上的時候我們每天總是不斷地認識新人並同舊人告別，很多人常常分了，就是斷了。但七年過去，喬安跟我講起話來還是像在大理時一樣，欲罷不能。我還記得她在大理的屋頂上拉著裙擺起舞的那個傍晚，夕陽把漂浮在蒼山上的白雲染成了金黃，收割過的田野立著一群群束起來像小帳篷一樣的稻稈。

蒼山

15

飄香酒館

酒旗飛揚在花草間的飄香酒館，就像武俠小說裡的江湖酒店，是大理人民路上的一個指標。就像許多運氣不佳又搞不清楚規矩的客人一樣，初次到飄香酒館用餐的我也被老闆罵了個臭頭。那時我不知道它有著最團結的客人與脾氣最差的老闆那樣的名聲。

當我跟丞第一次去飄香酒館，看到客滿沒有空桌時，我就走到廚房對著裡面的一個女孩打招呼。在我連試三次都得不到她的注意之後，「她在叫妳，妳是耳聾了嗎？」那時正在一旁炒菜的老闆突然說。

「什麼事？」女孩一臉不耐地轉過來問我。

「請問，我們可以在外面等桌子嗎？」我問。

「沒有桌子就不要吃，等什麼等。」老闆頭也不回地說：「妳吃飯的時候別人在旁邊看著、盯著，妳吃得下？」

要吃到田師傅的菜需要一點耐心排隊

飄香酒館的招牌

老闆的話把我嚇出了餐廳，我從沒想過去餐廳吃飯也會被兇。看到我跟丞在門口一臉無措，坐在飄香酒館戶外桌的客人安慰我們沒事，說老闆就是那個樣子，叫我們別放在心上。想要吃飯，看哪桌快吃飽站到他們旁邊去就行了。

那次的經驗讓我知道去飄香酒館吃飯之前，最好先讀一讀它寫在牆上的宣言：

各位朋友您好，本店就餐需自行點菜、取碗筷、拿酒水、端菜、飯後收拾餐具，並將裝米飯的大碗遞進廚房，剩菜請清理到垃圾桶內。大理慢生活、慢上菜、慢用餐、慢讓位。

要我說它還得加上一條若被老闆罵請勿見怪的提醒才夠。

飄香酒館的菜堪稱大理第一

飄香酒館的老闆田師傅

照理，去一個地方吃飯被罵，客人通常都不會再回頭，但那樣的邏輯不適用在飄香酒館上，因為儘管它有著脾氣最糟的老闆，它還有著大理最好吃的菜。人在美食前不得不低頭，沒多久我不但再去飄香酒館吃飯，甚至還呼朋引伴。那次，跟我同行的是喬安與莫札特。

莫札特出發前向我們誇下海口要讓飄香酒館的老闆請客。我只求別再被老闆罵，不敢奢望他會請我們吃飯。最後老闆雖沒有罵人可也沒有轉性請我們吃飯。當我們質問莫札特，他說好的請客在哪裡時？

「雖然沒請我們吃飯但他願意讓我拍照，

一起喝雕梅酒

妳們看他的臉是不是差一點就要笑了出來。」莫札特把他去廚房跟老闆拍的合照秀給我們看時說。

我們沒想到的是，那天中午雖然飄香酒館的老闆沒有請我們吃飯，當晚他卻請了我們喝酒，而那一切還真的都是莫札特的功勞。

晚上當我們再次經過飄香酒館時，莫札特說要再去跟老闆拍照。我跟喬安不想湊熱鬧決定在門外等他。幾分鐘後，他得意地走出來宣告老闆要請我們喝酒。

老闆拿出兩杯雕梅酒和兩個空杯子，把酒分成四份。「平時我不讓人拍照的，尤其是老外。因為有些老外特別討人厭。」喝口酒

在飄香酒館彈琴的莫札特

後他接著說：「但我感覺他不一樣，他是一個有故事的人。」

飄香酒館的老闆說他姓田名根正，內蒙古人做的是家常菜。過往我總以為內蒙古料理盡是烤羊肉之類的菜色，想不到也有魚香茄子這種給人相當南方的菜。

當莫札特提到自己熱愛彈琴時，被我們改口稱為田師傅的老闆手往廚房的方向一指說那裡就有一架鋼琴。我們三人一驚，看不出飄香酒館僅五六桌的空間裡還能藏著一架鋼琴。可我們記得中午吃飯時並沒有看到鋼琴。田師傅指了上面堆著一疊雜物像木櫃似的東西說鋼琴就在布底下。

當莫札特忍不住起身去探個究竟掀開黑布時，果真有一台電子鋼琴在那裡。他問是否能彈彈看？田師傅回還有什麼比以琴會友更好的事。

彈起鋼琴的莫札特像換了個人，一改他詼諧星的角色。我跟喬安開玩笑地說我可以愛他一首曲子的時間。田師傅認為莫札特雖久未練琴，但琴藝很高，信手拈來便成一曲。問莫札特多久沒彈過鋼琴？他回十年有了。

莫札特十幾歲時曾認真地學了好幾年的鋼琴，換過許多老師。後從事特製鋼琴顧問一職多年。他宣稱自己有一台世界上最棒的鋼琴。強調那琴不但由他親手所造，還幾乎花光了他所有的財產並用了十年才完成。

莫札特演奏完後，技癢的田師傅也露了一手。就像他做的菜，飄香酒館老闆彈的琴也讓我們難忘。喬安告訴我田師傅不只會彈鋼琴，還會彈吉他、拉二胡。後來我才聽說飄香酒館還在人民路上段時，生意沒那麼好，客人少的時候，田師傅就抱著吉他坐在門口彈個幾曲。

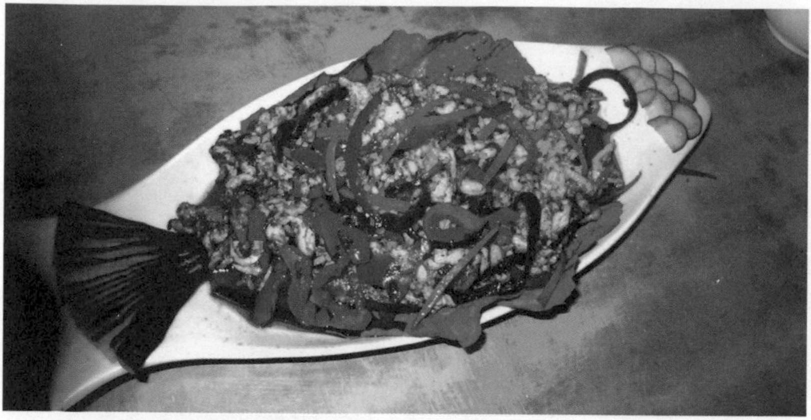

飄香酒館的菜連擺盤也很用心

莫札特問田師傅跟誰學的琴？他說一開始請了位鋼琴老師來教他女兒，可女兒對鋼琴沒興趣，看了老師演奏後他發現彈鋼琴也沒那麼難，他自學都可以。就那樣他自學了一身的琴藝。每天下午酒館開門前，他都會練琴抒發情緒。認識我們之前的那陣子因暑假人多，心情不對才沒練。直到我們去吃飯的那天他才又有了彈琴的雅興。

自鋼琴之夜後，我們就把飄香酒館稱為鋼琴酒館。不但如此，我們在飄香酒館的角色也有了微妙的改變。取菜時田師傅不再叫我們的桌號而是改叫莫札特。聽到自己的名字，莫札特興奮地跟我和喬安炫耀。我們拿他沒輒叫他還是快去取菜吧，我們餓了！

丞與莫札特都離開大理之後，我跟喬安還是愛往飄香酒館跑。我生日那天中午我們去飄香酒館慶祝。一到那裡我們就得到了兩張露天桌子中的一桌。點過菜後我們像往常那樣聊天。沒多久坐在我們後面的客人突然問「美女，我們菜點太多吃不完，這盤菜我們完全還沒有吃過給妳們好不好？」

我跟喬安沒料到會有那種情況，都呆住了。待反應過來後我們決定把菜接下，而那盤〈飄香茄條〉竟成了我們在飄香酒館吃過最好吃的菜之一。免費得到一盤菜我興奮地說真是個幸運的生日。誰知隔壁桌的耳靈，一聽到生日就說既是生日要不也來一杯酒？說他們剛買了梅子酒要請我們喝兩杯。我知道自己一向運氣不錯，但運氣旺到了那般程度可是連我自己都嚇到了。更別說那晚當我們去壞猴子酒吧繼續慶祝時，不但有人送我花，就連壞猴子酒吧的掌櫃都送了我一副耳環。

到了喬安生日，我們又去飄香酒館慶祝，不過那天田師傅的脾氣壞得就像我第一次去的時候那樣。那天被罵的雖不是我們，可我們仍被波及。

那次由喬安點菜、拿菜，被罵到的剛好都是她。喬安回到位子後跟我說幸好田師傅沒有發現是我們，若他發現就尷尬了。可我們慶幸得太早，料不到最後卻是他來跟我們結帳，

「我沒發現是妳們倆，讓你們看笑話了。」田師傅說。

一晚喬安心情不好提議去飄香酒館喝一杯。進到餐廳裡發現田師傅還在忙，我們就自行拿了雕梅酒來喝。忙完後田師傅端出一盤下酒菜也加入了我們，坐下來後他說發脾氣的那天看到是我們後，他就以為將要永遠失去我們這兩個朋友了。我們根本沒把那件事放在心上，想不到他竟會有那樣的擔憂。

田師傅說中國十一國慶讓他累壞了得休息幾天出去走走。不僅是他，十一黃金週的大理也讓我開了眼界，以為全中國的人都聚集到了大理。那段期間我們去過一次飄香酒館，用餐到一半就發現田師傅的女兒突然離場。結帳時問他女兒怎麼了？他說人太多，她不習慣就走了。

田師傅最大的煩惱就是他那對龍鳳胎的兒女，兩個都不愛念書，也不知道要做什麼。田師傅說他婚離得早，以前在內蒙古時老婆只想著打麻將不顧小孩。他想那樣不行，就帶著老婆和小孩到昆明做生意，還是沒改善就離了婚。離婚的時候，老婆分了一半的財產卻不要孩子。

我們是飄香酒館的忠實顧客

除了做菜、玩樂器，田師傅還會演戲。起初我們以為飄香酒館牆上那些他跟女兒穿著古裝的照片只是旅遊紀念照，想不到竟是真的劇照。喝酒的那晚田師傅說那陣子也有人問他要不要接戲，可他實在太累就拒絕了。「拍戲就是聽起來風光，做起來卻累得半死不活的事情，最大的問題是磨時間，一直得耗在片場裡。」田師傅說。

離開了大理之後，我再也沒有遇過一間敢對客人兇的餐廳了。有人說廚房就是個戰場，帶著年輕的女兒獨自在廚房裡作戰的田師傅，煮菜時雖像個橫眉豎眼的將軍，但一出了廚房，雙手往琴鍵上一放，他就成了最抒情的音樂家，試著在餐筷碗盤間譜出自己的鳴奏曲。寄居在大理的江湖人士多像田師傅一樣，有著特殊的個性，乍看之下似乎充滿了距離感，其實個個內心都如大理的太陽，溫暖卻不過曬。

16 艾莉思

對二〇一二年選擇駐足大理而非麗江的人來說，大理有兩個麗江所沒有的特色。其一是擺地攤不會被取締。其二是仍保有市井小民的生活氣息，街上常看到戴著草帽、頭巾，身穿深藍背心淺藍長袖上衣，搭配黑褲、繡花鞋的白族大嬸們揹著竹簍出沒。

對打算從雲南經西藏去尼泊爾的背包客來說，大理是個籌備旅費的理想城市。對從印度、尼泊爾回來的人而言，大理是他們銷掉貨物的最佳地點。從東南亞經陸路抵達大理的背包客則是意外地發現那裡可以靠擺地攤賺取旅費，以另一種方式在路上生存。

很多背包客到大理之前都沒有擺地攤的經驗，他們多是看到了人民路上擺地攤的盛況才興起了一試的念頭。來自台灣的背包客艾莉思就是其一。

我是透過喬安才認識艾莉思的，一天喬安去吃早餐時發現她是台灣人後就把她帶回了莉莉小苑。大學畢業後就到東南亞當背包客的艾莉思，那時已經在路上晃蕩了兩個多月。

人民路是大理古城的背包客聚集地

竹簍在大理白族的生活中扮演著重要的角色

跟我一樣她也想暫住大理一陣子，嘗試擺地攤。

人民路是大理擺地攤的中心，從它的上段到下段都可以看得到攤主們的身影。跟別的地方不同的是，在人民路上擺地攤的多是外來者而非當地人，其中又以背包客最多。他們所販售的物品從藍染服飾、古著、CD、西藏佛珠、印度尼泊爾的長裙圍巾到自己創作的詩集、明信片、繪畫、編織飾品等，可以說應有盡有。除了實體的物品，也有人以彈吉他、唱歌或耍火球等技能賺錢。

與其他背包客不同的是，艾莉思最初想要擺地攤販售的東西是炸雞排。那時候的大理古城不但完全沒有炸雞排的蹤影，還能一解她的鄉愁。只不過，艾莉思料不到在台灣大街小巷都可以買得到的國民小吃，要在大理複製出來竟那麼難。原來單是醃製雞排的醬料就要十幾種，更別說炸雞排還得有火、有油、有鍋。

在台灣不常下廚的艾莉思，在大理為了擺地攤卯足了勁。她先買了一個白族人上菜市場必備的竹簍，接著背著那竹簍屢次搭公車到下關市去購買炸雞排所需的一切物品。大理雖是一個物產豐饒之地，但飲食跟台灣大不同，單是要調製出一罐撒在雞排上的胡椒鹽，也得大費周章地買一堆香料。眼看艾莉思為了炸雞排東西越買越多，我不禁擔心起她賣炸雞排這主意是否真的可行？

除了炸雞排要準備的東西多、費時費工外，她還打算以一個月九百元人民幣的價格租下一間店面。而那時，艾莉思連會在大理待多久都還不確定。或許就連上天都覺得她的炸雞排計畫實在太瘋狂，本來願意租店面給她的人不久竟反悔了。沒了店面，她只好放棄炸雞排。

雖然我跟艾莉思都是背包客，但跟我在大理把生活過得比在台灣還舒適不同，艾莉思走的是克難路線。她不但買二手衣服來穿，連一床也不過三十元人民幣的莉莉小苑都被她當成了豪華客棧。她住的地方我雖沒有實際去看過，但從她對莉莉小苑所發出的讚嘆裡，

另一個在大理的台灣女孩，艾莉思

我大概可以想像那是什麼樣的地方。

不能炸雞排艾莉思就改賣起了奶酪，她的奶酪做得比雞排成功。可僅有奶酪對她來說不夠，她還買了新鮮的藍莓做成藍莓醬點綴在奶酪上，我沒看過比她更愛自找麻煩又更認真的人。

好不容易，終於靠著奶酪踏上擺攤人生的愛莉思又面臨了另一個問題，那就是後來被我們勸服也搬到莉莉小苑的她，突然發現那裡沒有足夠的冷藏空間讓她存放奶酪。為此，她只好跟隔壁的客棧租了一個冰箱，但就像之前租店面的命運一樣，沒兩天對方又反悔不再把冰箱租給她。

在大理擺地攤的背包客從不喧囂，他們總是安靜、自在

兩次的打擊使得一向樂觀的艾莉思也陷入了低潮裡，問我怎麼有人可以那樣不守信用？但就像喬安租房子被毀約的事一樣，那時年輕的我們如身在霧中看不到問題的根源。今天回頭看，才發現事情很簡單，一切就只是利之所趨。

浪漫、詩意與天真是在人民路上擺攤的背包客們最大的特質，去到大理之前，離開大理之後，我都沒見過那樣的擺攤風格。二〇一二年秋季在人民路上的攤主們，佈置好了攤位就只是靜待客人上門。走一趟人民路聽不到吆喝拉客的聲音。攤主們不是沉浸在手中的書裡就是專注於創作之中。唯有在客人停下腳步詢問時，他們才會抬起頭來招呼。但大多的時間，他們都只是安靜、閒適地享受著擺攤的氛圍，形成了繼蒼山、洱海後大理的另一道風景。

二十出頭的艾莉思是一個少數清楚自己想要擁有什麼樣的人生的年輕女孩。當她揹起背包跨出台灣的那一步起，她就有了邊旅行邊生活的想法。為了實現那樣的目標，她不只在大理擺地攤，去到大理之前她也曾在東南亞打工賺取旅費。大理之後，體悟到需要更專業的技能以支持理想，她就回到泰國取得了潛水教練的執照，後在馬爾地夫與帛琉教授潛水。

每當我想起大理時，最先浮現在我腦海裡的都是那些在那裡把自己活得精彩的人，一如艾莉思。我們的相遇相知，就像穿透蒼山上的雲層所射下來的天光，美得如神蹟。

蒼山的光線變化就像一場上帝精心策劃的燈光秀

大理的自由風氣吸引了無數的背包客

17 我的擺攤人生

當我出發去雲南旅行時，我從未想過有一天我會在大理古城的街道上擺地攤。出門前我一直認為若我在那裡工作的話，肯定是在青年旅館裡上班，畢竟我是抱著考察青年旅館才去那裡的。

但跟艾莉思一樣，看到人民路上擺地攤的人潮後，我也忍不住有了想要一試的念頭。喬安聽到我想擺地攤後，就告訴我她有一個在賣香水試用品的朋友，可以幫我向他詢問是否願意批一些貨給我賣。

就這樣我踏上了大理的擺地攤之路。在人民路上找到一個喜歡的角落後，把圍巾往地上一攤，排列好每瓶 2ml 的香水，我就開始做起了生意。

在大理擺地攤之前，我唯一的擺地攤經驗就是我姊高中時，拉著我去阿妹的演唱會現場旁賣螢光棒。我們之所以會去那裡賣螢光棒，還是因為她的課業所需。從那次的經驗裡，

剛開始擺地攤時，我賣的是香水試用品

我的攤位

我發現擺地攤最難的不是賣什麼，而是能夠穩穩地坐在攤位前不顧眾人眼光的膽識。

第一天上人民路擺地攤時，我緊張個半死，深怕待了半天什麼都賣不出去。幸好二〇一二年的大理對待擺地攤的人很仁慈，上街頭擺地攤不但不會被警察取締，還有一種不管你賣什麼都能賣得出去的魔力。那天，我也賣了幾瓶超級迷你香水。

所謂一回生二回熟，很快地我就越賣越上手，上街去擺地攤成了我一天中最期待的事情。可惜看到我的生意不錯，喬安的朋友一天竟拒絕再出貨給我。本來我以一瓶十二元人民幣的價格跟他進貨，再以一瓶二十元賣出。賣多少再跟他結多少，既無庫存的壓力也無進貨的煩惱，但好景總是不長。

喬安說她的朋友就是眼紅，自己懶惰不認真擺地攤，只把香水放在店門口，現在有人主動幫他賺錢還不高興。我雖感到惋惜，但也能夠理解，他也不過就是想與其給人從中賺一筆，不如全部的錢都收進自己的口袋裡。

不能賣香水後，我就得開發新品。一天當我在淘寶上搜尋與香水相關的東西時，一種叫做格拉斯香膏的東西跳了出來，看到它的包裝賣相不錯，我就點開了網頁進去瀏覽。了解到格拉斯(Grasse)是南法一個以產香水聞名的小鎮之後，當下我就知道這號稱產自南法的格拉斯香膏肯定會比香水試用品來得好賣。因為，格拉斯香膏不但成本跟香水試用品差不多，它還有著色彩繽紛與可愛的盒子。同是女性，我知道女孩子喜歡什麼。

格拉斯香膏

就像第一次出門賣香水試用品的那天一樣，首次去賣格拉斯香膏的我也滿是忐忑不安，好在大理四中好奇的女學生們替我開啟了賣格拉斯香膏的大門，從她們對香膏的喜愛之情，我總算確定了自己沒有押錯寶。

很快地我賣格拉斯香膏的生意就步上了軌道，因此當喬安客棧的合約出了問題時，我就邀她加入。白天她去找適合開客棧的老房子，晚上就跟我一起賣香膏賺生活費。有淘寶網銀的喬安，除了讓我進貨更方便外，她對銷售還有著跟我一樣的熱情，是我擺地攤的最佳拍檔。

格拉斯香膏是種神奇的東西，每次當我以為它的市場就要飽和時，沒想到下一批新貨還是很快就賣了出去。幾乎每次在訂下一批貨時我們都增加了約兩百元人民幣的金額，但始終還是太保守。特別是中國十一國慶的時候，賣到沒貨的那天我們就跟自己說，今天放假好了。但習慣了賣東西後，不去擺攤反而覺得時間過多。

回顧我跟喬安的賣香膏生活，最高的銷售記錄是中秋節的那晚，賣了一千九百元人民幣。若真要賣的話那天我們大可賣更多，不過八點多我們就決定提前收攤去壞猴子酒吧慶中秋。

大理才村市集

熱鬧的才村市集

整個國慶期間擺地攤裡賣得最好的據說是一個賣佛珠的小孩，好像有兩萬塊人民幣左右。我跟喬安不追求噱頭，我們擺得比大部分的人的時間都要少但並沒有少賺，對於業績我們還算滿意。擺地攤不是在城市裡上班，心情好的時候我們就早點出門，若心情不對我們就提前收攤回家，甚至不去擺。

擺地攤之所以吸引那麼多旅人，那是因為擺地攤是一種態度，有時比起賣東西不如說是交朋友。喬安的一個朋友說，國慶時擺攤在他旁邊的一個男孩子，賣著自己創作的詩集和一些小首飾，偶爾遇到了感覺對的人，他就會免費送他們一些小東西。他擺地攤為的是遇到意氣相投之人，一同激盪出新的詩魂。

我在大理擺地攤時，大理的氣氛已不如過往。住在蒼山上高地旅館的小微說早期他們擺地攤純粹是為了好玩，是一種想擴充生活圈才有的活動。以前的人擺地攤賣的都是自己創作的東西，如手工編織的鍊子，自己畫的明信片、繪畫等。

很少下蒼山的小微說她知道大理古城擺地攤的風氣已變，但具體變成了什麼樣不清楚。對我來說，二〇一二年的大理擺地攤，賺錢漸成了主流，理想、交朋友成了次要。不過值

在人民路上擺地攤的民族風女孩

得慶幸的是，一起擺地攤的人還是非常友善，彼此相互照應，大家都是朋友。有不少人還是賣著自己創作的東西，不管是配件還是繪畫，同時也不缺進成品來賣的攤主，如我們。

三年後，我在清邁碰到了一個在我離開之後才把工作室開在大理的畫家飛飛。當我們談起擺地攤時，她說至少我還趕上了大理好時代的尾巴。當她開始在大理定居下來時，大理已經完全變了。

人民路上擺攤人生不斷地上演，一個攤主走了，另一個攤主又來，一個人出發去新的地點旅行，另一個人正準備在那裡待下。基本上背包客擺攤的時間都不長，多的話六個月，少的話一兩個月如我。

若問二〇一二年人民路上的地攤王是誰？毫無疑問的大家會說是汪勇，即那個賣CD娶了年輕台灣老婆，永遠穿著緬甸筒裙的光頭。據說汪勇在人民路擺地攤已有四、五年之久，在人民路上賣CD的非獨他一人，卻沒人賣得過他。

不經意的一个低頭
遺忘了万年的星輝
从虛无到虛无 从永恒到永恒
仅仅一个低頭
人民路的地攤王 汪勇

在大理長住的台灣人夏姊說，汪勇結婚時在駝峰青年旅館擺席宴請了整條人民路的人，轟動一時。又說起初大家都不看好他們的婚姻，沒想到婚後的他一改前非，竟日日認真

在人民路上擺地攤的阿鵬

地擺起地攤來。大家都說汪勇真的變了，變得認真有責任感，結婚讓他成熟、沉穩。

還傳言汪勇婚禮上主持人的一句「連汪勇都結婚了，你們還有希望。」讓大理的大齡剩男們開始對愛情有著無比的憧憬，心想連汪勇都可以找到那麼好的女人了，他們憑什麼不行。但對大理的大齡文藝女青年來說，汪勇的婚姻帶來的只有沮喪，她們心想連那麼好的女人都嫁給了汪勇，她們繼續等下去還有什麼指望。

汪勇也是第一個把地攤從人民路搬去雙廊的人，身為大理的地攤王他的搬遷有著指標性的意義，因為就在他去了雙廊擺地攤不久，大理的城管就開始取締在人民路上擺地攤的人，也趕走了大理自由擺地攤的黃金時代。

自那之後，背包客就無法自由地在人民路上擺地攤。大理政府雖規劃了一個叫做「人民路地攤街」的地方給想要擺攤的人。但那個地方就如大多的政府政策，完全不實用。「人民路地攤街」因管理混亂、人流少、租金昂貴與不自由，很快就成了一個死寂的地方。

於是，那些路過大理，仍然想要體驗擺地攤的人只好趁著夜色降下，偷偷地又回到了人民路上。與我們那個時代不同的是，他們得面對城管不時出現的風險。聽說，與麗江相比，大理仍是一個相對有包容性的地方。在大理擺地攤的人被抓到了，認個錯城管有可能就放人。在麗江則是不但物品會被沒收，還得以驚人的金額贖回。又傳言每當麗江的城管家裡缺什麼時，他們就會積極地上街去。

年輕的時候，我們常不知道自己何其幸運。二〇一二年我在人民路上擺地攤只是一個偶然，並不知道自己正在參與大理最具代表性的盛事。我以為那些穿著民族風長裙的女孩，與那些身穿功夫裝的男孩一直都會在那裡，就像我對大理的記憶。可就像蒼山上逐年減少的積雪，他們也漸漸地消失在人民路上。

莉莉的大哥、阿鵬、丞

18 夏姊

有人說大理是一個真實版的江湖武林，那裡的長住客就是它的江湖人士。就像武俠小說中行走江湖身懷絕技的大俠一樣，落腳在大理古城的長住客也都有著獨門的看家本領。就像人民路上九月酒吧的創辦人歡慶，本是一個搖滾歌手，到了大理後竟成了專門製造失傳樂器、收集民謠與演唱古代詩詞之人。

大理的長住客們有的雖打扮得如深山道士一般飄走在人民路上，或騎在頭尾都插滿了鮮花的腳踏車上如花仙出遊，又或一副古代書生模樣穿著中式長袍揹著竹簍。但他們的故事若被寫出來，人人都能自成一書，叫人自嘆不如。

來自台灣長住在大理的夏姊也是如此，已在大理住了十幾年的她曾在東河開過客棧，在大理開過咖啡店與按摩店。當艾莉思把我介紹給她時，除了經營著人民路上一家只做熟客的咖啡店，她還用吉普車帶團入西藏。

「現在我有自信，我到哪裡都可以生存。」說出這句話的夏姊，竟認為自己太過年輕就在大理待了下來。或許正是因為那樣，當我為自己在大理的去留而去徵詢她的意見時，她才叫我最好再回台灣在職場上給人磨一磨。

夏姊說她看過太多留在大理渾渾噩噩過日子的年輕人了，那些人四處蹭飯吃，缺錢的時候就這個朋友借一點，那個朋友借一點，等朋友圈都借過一輪後，人就消失了。看來

大理的長住客彷如武俠小說中走出來的江湖人士

住在大理的江湖人士總有源源不絕的創意

夏姊的店

海豚阿德書店

大理的江湖武林除了大俠也有無賴，要如何在江湖混出一條路來，還得各憑本事。

只買了單程機票去雲南的我本來預計在那裡待一年再回家，但三個月過後我遇到了長期旅行的背包客無可避免的問題，那就是感到迷失。我開始想家，開始不知道自己為什麼要留在大理？我在大理的日子過得如魚得水，擺地攤的生意也不錯，但我找不到在那裡的重心，因此我才去問身為過來人的夏姊。

艾莉思告訴我夏姊不但在大理的人生精彩，她以前在台灣的生活也不一般，她不但曾是樂團的鍵盤手還出過書。雖然，我很難把溫柔婉約的夏姊跟冒險女俠連在一起，但顯然她就是台灣女背包客的先鋒。我期待自己有一天也能像她一樣自豪地說出：「現在我有自信，我到哪裡都可以生存。」

在大理的時候，我跟艾莉思都喜歡往夏姊的店裡跑，艾莉思去找夏姊多是為了打麻將，我則是為了吃到台灣味的刈包跟蛋餅。一天就在我照老樣子去找夏姊時，看到了一個給人居家感的清瘦男生，夏姊告訴我他是一位網路科幻小說家。我那時還不知道大理堪稱是中國最文藝的城市，隨意碰到一位作家並不是什麼稀奇之事。就像我去海豚阿德書店問關於

大理廢品酒吧的老闆

海豚阿德書店的老闆阿德、小白和作家許崧

《不去吃會死》的作者許崧的事時，書店的老闆阿德往我身後一指說：「許崧本人就在妳身後，不如妳自己問他。」一樣。除了江湖俠客，大理也不缺文人雅士。

更讓我想不到的是海豚阿德書店的老闆阿德跟夏姊還是舊識。都說混大理的都是混圈子，我混來混去想不到都在同一個圈子裡兜轉。當阿德告訴我要介紹另一位在大理的台灣人給我認識時，我並不知道他講的就是夏姊。直到一天我跟夏姊提到了海豚阿德書店她才說，該不會阿德所說的台灣女孩就是我？「我想在大理會一直去逛書店的台灣女孩不多，所以那應該就是我了。」我回。

原來阿德曾是夏姊在束河開客棧時的客人，她開玩笑地說長得一張娃娃臉的阿德那時還曾經迷倒了不少女孩。也不過一轉眼，他不但都結婚生子了，還開了間獨立書店。

在介紹大理的雜誌書《蒼山下》中的卷頭語裡，阿德曾說聚集在

大理最美的書店海豚阿德書店

大理的各路江湖人士都是主流社會裡的分岐者。他認為被賦予烏托邦、理想國等標籤的大理是一個正常的城市，而避居到大理看似奇裝異服，行為舉止驚世駭俗的長住客們，不過就是一群追求快樂勝過名利的正常人。

在書中阿德說：

難道朋友們在一起吃飯喝酒高談理想是不正常的嗎？
難道年輕人在街道上放聲歌唱是不正常的嗎？
難道鄰居們搗鼓一場話劇是不正常的嗎？
難道月虹升起時詩人們情不自禁賦詩一首是不正常的嗎？
難道各種五花八門，形態各異的生活方式存在是不正常的嗎？
難道一個城市有八家書店是不正常的嗎？
難道做自己喜歡的事情是不正常的嗎？

夏姊與阿德用自己的故事讓我了解到什麼叫做傾聽內心，實踐理想。今天的我之所以能夠在寫下他們的故事，一切皆因當年在大理他們對我的啟發。讓我知道生活還有另一種可能，就像從海豚阿德書店二樓的窗戶所望出去的古城，起初滿是雜草的屋頂或許給人殘破之感，但一待花季來臨那裡就是最美的空中花園。

人民路的屋頂就像一座空中花園

19 大理愛情故事

我是從一個離婚的馬來西亞男士馬克那裡知道了洱源溫泉的存在。馬克不但是我跟喬安在大理古城莉莉小苑的室友，他還分別對我們提出過一夜情的邀請。

起初我並不知道他四處物色一夜情的對象。他的行為舉止正常，平時路過人民路看到在擺地攤的我們也會停下來閒聊幾句，就像普通的朋友。直到一天，他的簽證將要到期得去大理下關市延長簽證，我才發現他竟是那樣寂寞。

我那時不確定自己還會在大理住多久，就想著先知道怎麼延簽比較保險，於是就搭了他的便車一起出門去了下關。

我開始感到不對勁是在去下關的路上，當他把手搭在我的大腿上被我委婉地撥開時。辦好簽證後，我們去了下關著名的洱海公園閒逛。在那裡我們聊到那陣子在莉莉小苑最熱門的話題：該不該在青年旅館的多人房裡發生性行為？

愛情就像一朵嬌貴的花，需要細心呵護

那話題的來源就發生在我們住的六人房裡，馬克還沒抵達大理之前，我們的客棧來了三個有著奇妙關係的中國背包客（兩男一女）。這三人裡面，其中兩人是前男女朋友的關係，他們一路從西藏旅行到了大理。

事情就發生在第一晚他們住進我們的客棧時，半夜那位女孩爬上了她上鋪男孩的床，只是那個人並不是她的前男友。女孩的前男友像苦等著他們結束一樣，一待倆人大戰一回合之後，立刻就起床開門走了出去。

若只是上面那樣倒也沒什麼，因為隔天他們三人看起來還是非常和樂。問題就在於那個跟女孩發生關係的男生隔天一早還來試探我對他們的事知不知情。當他來問我時，我還沒有了解到我是整個房間裡面唯一不知道發生了什麼事的人。

「請問我昨晚打呼有沒有吵到妳？」他這樣問我。

「我睡得很熟，什麼都沒有聽到，所以應該是沒有吧。」我說。

後來，我把這件事跟喬安講，她說我太天真了，他才不是來問我打呼的事，而是想知道我清不清楚他做了什麼。發現自己被陰了，我心裡很不痛快，認為堂堂一個男孩，做了就做了，還扭扭捏捏來試探我，是不是男子漢？

可就如喬安所說我實在太天真，根本不知道他認為自己很直率，很清高。否則他在駝峰青年旅館的徵伴貼文上也不會這麼寫：

找個女伴兒搭車，大理—恐龍谷—昆明。求女伴不矯情、不腐敗。滇藏線的最後階段。

我跟喬安講還有誰能比他更矯情、更腐敗？莉莉跟我說她本來不打算讓他住進她的客棧的，是他一直拜託她才鬆了口。莉莉跟喬安都認為，日日都穿著同一件緬甸筒裙當褲子的他全身無不散發著一股腐敗的氣息。

馬克知道了這個故事之後，就說他以前在紐西蘭旅行時也在青年旅館碰過類似的事件。

「換成妳，妳會跟別人發生一夜情嗎？」他問。

「就算會也絕不會選在青年旅館的多人房。」我說。

「那妳會不會考慮我？」他接著問。

「不會。」我答。

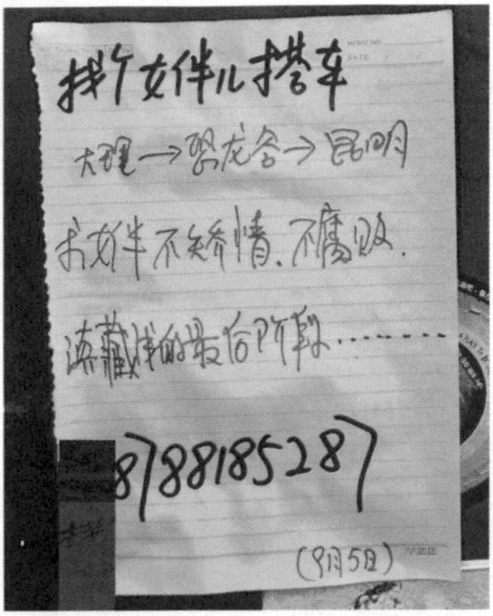

我中國室友的徵旅伴公告

洱海公園佔地寬廣白天人煙稀少，那個當下我們剛好又走到了偏僻的角落，我擔心馬克被拒絕後會惱羞成怒對我做出什麼事來。我趕緊假裝要去廁所並趁機傳簡訊給朋友，想不到朋友竟以為我在跟他炫耀有追求者，我差點沒氣昏。

等我平安地回到了客棧，去找喬安說

壞猴子酒吧是大理著名的艷遇地點之一

半夜在人民路上碰到壞猴子的駐唱樂隊

明發生了什麼事時，「他也問過我要不要跟他一夜情。」喬安一點也不意外地說。

我對喬安說馬克分明就是亂槍打鳥，遇到一個女人問一個，沒中沒關係，中了就爽。喬安告訴我其實馬克一住進我們房間時她就感到不舒服，又說我在院子裡擦防曬乳時，他眼睛直直盯著我的腿看。只能說天底下哪裡還有比我神經更粗的女人？

說來也好笑，自從我們表明要找一天去洱源泡溫泉後，馬克就老是問我們什麼時候要去，說他可以再去一次。等了好幾天，見我和喬安遲遲都沒有要出門的打算，他才死了心去麗江。我想有著艷遇之都稱號的麗江或許才是他的歸屬，在那裡他不愁沒有一夜情的對象。當然，前提是他不要嚇跑女孩。

有些豔遇最後會發展成愛情

與麗江相比，大理雖不像麗江有著專門用來艷遇的酒吧一條街，但艷遇在大理也會不時上演，只不過用的是大理的方式。

「文捷，新西蘭是一個城市，還是一個國家的名字？」一天我的朋友安娜問我。

「那是一個國家的名字。」我說，「怎麼突然提起這個國家？」

安娜說我得先答應她不告訴喬安，她才要把事情的始末跟我說。故事是這樣的，出身大理的安娜本有一個來自廣州跟她一樣也在旅館工作的男朋友。想不到她男朋友回老家一趟後就提出了分手，自此她就天天去壞猴子酒吧買醉。

一次她喝過了頭，陪她去的朋友只好打電話向我們求救。扶著她走在空盪的人民路上，被她的哭聲所影響，我們不禁也鼻酸了起來，覺得她心碎的聲音在深夜的青石板路上似乎特別響亮。

夜夜去壞猴子酒吧的安娜，一天突然指名說要找我，她要問我的，便是前面的這個問題。原來一晚照樣去壞猴子酒吧借酒消愁的她遇到了一個來自紐西蘭的男生，雖然兩人語言不通，但酒精打破了隔閡，很快就去開了房間。事後怕喬安知道會生氣，她才偷偷跑來找我。

可惜，一夜情只能讓安娜一時忘卻失戀的苦澀，不是靈丹妙藥，她依然得去壞猴子酒吧報到。一晚喝了酒的她在人民路末段的洱海門前呆坐，幾個多事份子見她一個女孩子三更半夜在街頭就想找她麻煩。說時遲那時快，一個路過的男孩機靈地假裝是她男朋友救了她。自此，她就跟壞猴子酒吧說了再見。

關於洱源溫泉，一直到我快離開大理之前我們才真的去了一趟。在那之前從沒泡過溫泉的我，以為泡溫泉應當如廣告中的日本溫泉一樣，露天水池，熱氣蒸騰，一旁林蔭相稱，好不悠哉。哪知道，沒做功課就跑去洱源的我們天真地以為一下車就會在洱源新市區看到滿街的溫泉水池，結果根本不是那麼一回事。洱源的精華區域不但都在安靜的古城裡，且溫泉也多在室內。

離開大理前，喬安、艾莉思跟我終於去了洱源泡溫泉

洱源旅館的溫泉井

20 高地旅館

離開大理前我終於上了蒼山一趟。每次從人民路往上走時，一抬頭它就在眼前，用雲朵、光線與林海變化出不同的風景。若沒有親自上山一次，怎能宣稱自己待過大理？

從夏姊那裡我得知蒼山上還有一間雙廊海地生活青年旅館的姊妹店叫高地旅館。夏姊說高地還保有早期海地生活的清幽，值得去看看。

高地的創辦人是來自新疆的傳奇人物麗萍。二〇〇〇年時二十歲出頭的她到了大理後，在客棧打過工，開過咖啡店。後在愛爾蘭人 Dan 的介紹下，她租下蒼山的一棟院子後就有了高地旅館。麗萍吃素，喜愛瑜伽、冥想打坐，她所經營的高地也被塑造成了一個那樣的道場。

英文系畢業，曾在外商工作過的麗萍，在高地上的客人也多來自歐美。入住高地的人皆為找尋寧靜而去。只能透過雙腳與驢馬抵達的高地，山上的日子安靜祥和，冥想打坐、

高地旅館的大門

蒼山的日出

瑜伽、爬山、寫作與玩樂器是主要的娛樂。在八年的時間裡麗萍收留了無數來自各國渴望沉澱的旅人。

一天與蒼山相依為命的麗萍拿起背包也出門旅行去，在印度的一間寺廟靈修時她邂逅了一位來自瑞士的和尚 Walter。在緬甸出家的 Walter，曾到英國、西班牙等不同國家禪修過。相見恨晚的兩人，只用了三個月就結成夫妻。再後來麗萍就搬去了瑞士定居，高地才轉到海地生活老闆嘉明的手裡。

聽聞我要去蒼山，喬安跟艾莉思也自薦加入，再加上來自南韓的室友 Suk，我們四人選了一天下午準備上高地住一晚。Suk 看了南韓電視台關於茶馬古道的介紹才到了雲南，曾獨自旅行整個中南美洲的她，是那時還沒什麼背包客經驗的我望塵莫及的人。

那天下午兩點我們從莉莉小苑出發，共花了三小時才到達

從蒼山俯瞰大理古城

位在蒼山中和寺上方的高地。從蒼山山腳分別有一條石階路跟一條土路可上山。土路是騎馬的路，沿途時見馬糞。高地的管家小微推薦我們走石階路，說是沿途景色清幽，我們聽從了她的建議。

上蒼山的石階比我們想得要長，儘管沿路松濤過耳，人跡罕見好不雅興，我們還是爬到了臉紅脖子粗才到了山上。先苦後甘這四字用在上蒼山最適合。走完數不清的階梯後就到了玉帶雲遊路，一條兩公尺寬，總長十八公里像條玉帶般繫在蒼山腰中的小徑。從那裡往下看，灰色屋瓦的大理古城、城外翠綠的田野與藍得失真的洱海都一覽無遺。要說哪裡有大理最好的風景，答案就在那裡。

玉帶雲遊路

站在高地的大門前我們懷疑自己是否走錯了地方，眼前應是高地入口的紅色大門上不但畫著醒目的八卦圖，還寫了「道人洞」三大字，又見門上對聯寫著：

「居雲上享花鳥心情，隱林中繪光影故事。」

大門左側一牌子還引用了老子《道德經》中〈不出戶知天下〉的內文：

「不出戶，知天下，不窺牖，見天道。其出彌遠，其知彌少。是以聖人不行而知，不見而名，無為而成。」

比起一間旅館怎麼看它都更像某世外高人的宅子或道觀。喬安提議打電話解謎。

在我打完電話幾分鐘後，紅色的八卦門後

響起了一連串的狗吠聲。來開門的人便是小微，負責掌管高地，外表空靈，聲音清透的古琴老師。看到她我們不禁為自己的聒噪與俗氣感到羞愧，像誤闖仙界的村姑。

只是沒想到久居仙境的仙女也會懷念塵世的喧鬧，小微說很高興我們的到來，有一群女孩子嘰嘰喳喳熱鬧些。跟麗萍還在高地的時候一樣，高地的客人還是以外國旅客為主，其中由於上山不易，又多是男性，當我們這群話多的女孩子出現時她感到格外親切。

曾有一對外國老夫妻告訴小微要上山，但天黑了還不見他們的身影，小微就推測他們應是不會出現了。想不到半夜十一點紅色的八卦門被敲響，站在門外的就是那對摸黑騎馬上山的老夫妻。

「下山的時候，他們還自己背著行李走到山腳。」小微至今仍感意外地說。

歐美旅人對自然的熱愛一再讓我驚訝。年輕背包客需要大自然是一種青春的騷動，得靠征服什麼或讓比自身更大的什麼來撫平內心的浮躁，很容易理解他們為什麼要爬山，要深入林野。但年紀大的人又所謂何來？

古琴老師小微

我們常被教導年老要休養，過幼不宜出門。但年紀與角色的改變並無法阻擋歐美旅人對自然的渴望，也無法當成不出遠門的藉口。才會有半夜騎馬上高地的老夫妻，雨季中背著嬰兒徒步虎跳峽的父母。有時我會想我之所以出門旅行，為的是不是要遇到他們那樣的人，眼見為憑，讓自己學會生活沒有只能在哪些時候做哪些事。

高地有一間可以俯瞰古城的書房。書房裡有整串鈴鐺在窗邊、彩色圖騰的抱枕，讓人休息的木榻與讓小微練習書法的圓桌。書房外面是個植滿花草的院子，旅人可以在那練瑜伽冥想。院子有小徑可抵達供奉神明的一岩洞，另外兩棟建築有客房數間附加衛浴一處。

吉月飯莊

在高地吃飯得下到中和寺旁的吉月飯莊。若說蒼山下以飄香酒館的飯菜屬第一，那麼蒼山上當以吉月飯莊為最。那天傍晚當我們正在吉月飯莊等待上菜時，小微戴著帽子披著圍巾從中和寺旁的階梯悄然出現，若非她主動跟我們打招呼，我還以為她是中和寺裡修行的道姑。

吉月飯莊不只是蒼山吃飯的首選之地，也是觀賞蒼山夕陽與大理古城的絕佳處。當我們在迴廊裡等飯閒聊時，中和寺後方山頭的天際突然血紅一片，如火燒山般驚悚壯麗，看得我們目瞪口呆。看過無數的夕陽，還沒見過會讓人起雞皮疙瘩的晚霞。小微見怪不怪地說我們運氣好，那樣的奇景普通人還不一定看得到。

飯後回到高地喝茶聊天。來自青海的小微說她也想像我們一樣到國外遊走，卻因為青海被中國政府歸入敏感區而拿不到護照。「在這裡我們都習慣了隱忍吞聲。」小微問，「在台灣也一樣嗎？」

我請教了小微古琴與古箏的差別，她說古箏娛人，古琴自娛。聽了小微的回答我總算懂何以她會出現在蒼山，她彈的若不是古琴而是古箏，我們很有可能會在古城的街上與她相遇，而非這寂冷如道觀位在海拔二千六百公尺之上的高地。

「一首很簡單，但越唱越想唱的歌。」小微拿出吉他主動提議要唱一首朋友寫的歌給我們聽。

我從來都不認識你，就像我從來不認識我自己。
所以我不停地找，所以不停地走呀。
太陽升起來又落下去，愛人來了又離去。

「前天我帶著兩隻狗在山間散步，走著走著突然很想唱歌，就大聲地在山裡唱了起來，

小微與我們

把嗓子都唱壞了至今還未好。」唱了幾輪後小微說她沒聲音了。

在音樂工作室工作過的艾莉思說她學過一點吉他想要彈彈看。哪知我們的歌聲和她的吉他總是搭不起來，鬧了一堆笑話。蒼山的夜晚在我們對不上節拍的歌聲中伴隨著窗外呼嚎的風聲漸漸沉寂。

隔天早上，起床後我們到書房時，小微已經在練習書法。她跟我們坦承她其實不會英文。一個不會英文的人如何管理一間主客群都是外國人的旅館？我問她怎麼跟客人溝通，她回小問題，若打電話到高地的外國客人不會說中文，她就會用她唯一知道的一句英文跟對方說 I can't speak English 叫對方找個會說中文的來。

曾有一個外國人在高地當了一個月的義工。我心想總不能一個月兩人都不講話，一直重複 I can't speak English 。小微伸出手指在空中揮舞幾下，說那樣就成了，還強調比用同一種語言溝通的效果更好。

我們有聽沒有懂。她補充若要請那位外國義工去洗碗她指一指碗，對方便懂。又說一開始還要用指的後來連指的都省了，拋個眼神對方就懂。

「就這樣，很簡單的，語言根本不是問題。」小微稀鬆平常地說。倒是我們四個被她的一指神功弄得神魂錯位，不敢置信。

離開高地前，我們也學小微練書法，用毛筆寫了自己的名字。

小微用毛筆寫了她的聯絡方式給我們，囑咐我們下次要帶喜歡的人回去找她。寫著「輕盈下落」有小微聯絡方式的那一小塊白紙被我們放在窗邊拍照時就像輕輕落下的羽毛，隨時都有飛走的可能。

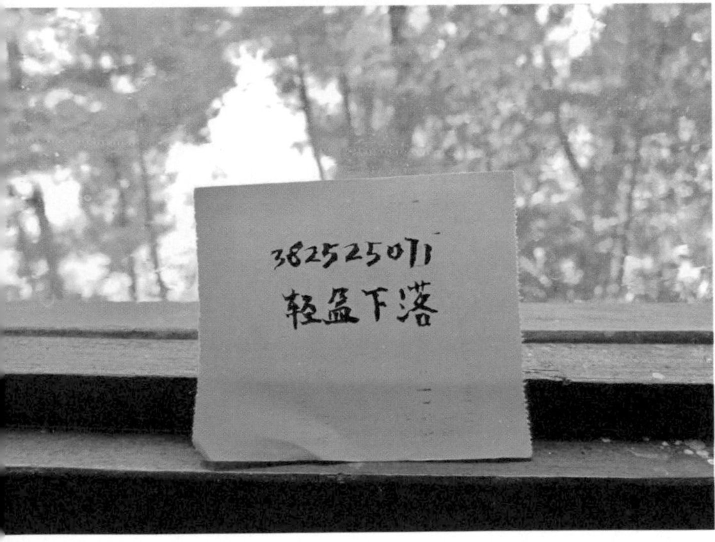

小微的書法

國家圖書館出版品預行編目 (CIP) 資料

蒼山下,洱海前 : 我的雲南擺攤人生 / 吳文捷著.
-- 初版 . -- 臺北市 : 沐風文化 , 2020.02
面； 公分 . -- (輕旅行 ; 6)
ISBN 978-986-97606-1-4(平裝)

1. 遊記 2. 雲南省

673.569 108017734

輕旅行 006

蒼山下，洱海前：我的雲南擺攤人生

作　　者	吳文捷
編　　輯	陳薇帆
封面設計	尤洞豆
內文排版	劉秋筑
發 行 人	顧忠華
總 經 理	張靖峰
出　　版	沐風文化出版有限公司 地 址：100 台北市中正區泉州街 9 號 3 樓 電 話：(02) 2301-6364 傳 真：(02) 2301-9641 讀者信箱：mufonebooks@gmail.com 沐風文化粉絲頁：https://www.facebook.com/mufonebooks
總 經 銷	紅螞蟻圖書有限公司 地 址：114 台北市內湖區舊宗路 2 段 121 巷 19 號 電 話：(02) 2795-3656 傳 真：(02) 2795-4100 服務信箱：red0511@ms51.hinet.net
印　　製	龍虎電腦排版股份有限公司
出版日期	2020 年 2 月初版一刷
定　　價	320 元
書　　號	MT006
I S B N	978-986-97606-1-4（平裝）